COLECCIÓN TIERRA FIRME

LA VIBRACIÓN DEL PRESENTE

NOÉ JITRIK

LA VIBRACIÓN DEL PRESENTE

*Trabajos críticos y ensayos sobre textos
y escritores latinoamericanos*

FONDO DE CULTURA ECONÓMICA

MÉXICO

Primera edición, 1987

ISBN 968-16-2666-4

Impreso en México

PRESENTACIÓN

La crítica literaria ha tenido en América Latina un desarrollo que podríamos designar como "desigual" en relación con el que ha tenido la literatura. En efecto, si se mira en su conjunto la historia de la crítica se advertirán por lo menos dos hechos: uno, que hay momentos vacíos, casi como lagunas en un territorio, sin propuestas de ninguna índole; el segundo, que al parecer las grandes obras y los grandes nombres pertenecen con pocas excepciones a los productores de literatura y no a los críticos. Por el contrario, la literatura propiamente dicha —sean cuales fueren los predominios de géneros— se muestra como en un proceso continuo, con escasas interrupciones, se puede incluso tener la imagen de un progreso desde los balbuceos primeros, coloniales o republicanos según las regiones, hasta los tiempos actuales en los que la institución literaria se presenta compleja, con altas cumbres, con una identidad poco discutible si no indiscutible del todo.

Este desajuste entre crítica y literatura podría justificarse si se pensara, como muchos piensan, que la actividad crítica es secundaria y complementaria y que, por el contrario, la producción literaria, genérica, es lo esencial; pero si, en cambio, se considera que las dos son vertientes de un mismo río, que no es posible concebir desarrollo literario sin un adecuado aparato crítico, es posible y legítimo preguntarse qué pasó y qué pasa, por qué, aparentemente al menos, la crítica no está a la altura de la creación literaria, orgullosamente representativa de una capacidad y un poder.

La crítica, sin embargo, comienza casi al mismo tiempo que la actividad literaria autónoma y se formula también como autonomía; los neoclásicos lo señalaron e intentaron iniciar la actividad y, también, acaso con más claridad todavía, lo hicieron los románticos: las palabras y los trabajos de Juan María Gutiérrez lo indican aunque también indican que la crítica literaria se concebía como apoyo ideológico a un proyecto cultural del que la literatura sólo formaba parte. Pero, aun así, eso sirvió para garantizar una labor cuyos modelos iniciales eran la ansiosa persecución del enigma del autor, no del secreto de la obra, concebida como "expresión" estética de un espíritu individual o colectivo, como puro, indudable e indiscutible sistema de representación.

Insatisfactorios, estos primeros intentos se prolongaron durante muchas décadas y en cierto sentido podría decirse que arraigaron profundamente puesto que aún hoy crítica es para muchos sinónimo de "opinión", desde luego que jerarquizada y, en una variante de mediados de este siglo, "comprometida". No obstante, la irrupción y el triunfo de novedades filosóficas —como el positivismo por ejemplo— quebrantaron ese bienestar en el que permanecía la crítica y aunque tímidamente y quizás de manera burda, crearon condiciones para que surgieran muchas preguntas acerca de la relación existente entre obra literaria y, por ejemplo, realidad social: el determinismo lo arruinó todo pero el mero hecho de que se planteara esa posibilidad teórico-práctica abrió seguramente el camino para nuevas maneras de ver, tanto el objeto de la crítica, la obra, como la propia actividad crítica.

No podría decirse que esta apertura se da por igual en todo el continente ni al mismo tiempo; sea como fuere, empiezan a multiplicarse los intentos, acaso sin declararlo con toda nitidez, para considerar esos dos aspectos; seguramente habría que considerar muchas cuestiones de orden social y cultural para poder interpretar cada aparición de una alternativa o novedad crítica así como la apelación de cada una a modelos engendrados en otras partes: esa labor implicaría el trazado de una historia crítica de la crítica que por cierto habría que hacer. Baste señalar por el momento que tales alternativas se organizan en gestos o tendencias que ocupan la escena por tiempos variables y en diversa medida según los países así, por ejemplo, luego del fallido rigor positivista y socializante, ocupa el espacio un impresionismo crítico que recupera algo del romanticismo aunque se diferencia de él en la filosofía que lo nutre: el impresionismo atiende mucho más a la obra y lo que trata de entender y explicar es el "efecto" que produce aunque lo hace por medio de acercamientos intuitivos, ignorando quizás la materia específica, y sin ánimo de ir más allá del objeto individual al que se acerca.

En medio del auge del impresionismo —que, al igual que el romanticismo del autor, incorpora al lenguaje de la crítica sus aspectos de contacto directo y generalmente adjetivo— surgen tendencias al historicismo, en el sentido de comprender procesos más generales en los que la obra literaria es protagonista; para dar un nombre, diría que alguien como Pedro Henríquez Ureña encarna esta voluntad que comparte su espacio con un fuerte interés filológico no sólo por obras latinoamericanas, no sólo por sus antecedentes españoles, sino también dentro de un deseo general de hallar métodos más objetivos para ocuparse de literatura.

En esta perspectiva se comprende el abanico que se abre en la crítica literaria latinoamericana entre 1920 y 1930: por un lado, la estilística —como noción que engloba tanto el secreto del autor como el método filológico o formal para desentrañarlo sin abandono de la obra entendida como lugar de condensación de todas esas instancias—; por el otro, la permeabilidad a tentativas de "cientificizar" la crítica; podría decirse de éstas que si bien no dieron grandes resultados crearon las condiciones para que se instalara para siempre la preocupación por la ciencia en l: crítica, preocupación que retorna periódicamente, a veces tan sólo como ideología, a veces como exigencia de rigor.

Estilística, sociologismo, idealismo, existencialismo, ¿ 'tructuralismo, marxismo, psicoanálisis, ideologías, antiideologías, semiótica, impresionismo, mimética, sociocrítica, etcétera, son las formas o tendencias seguidas en la crítica literaria, universitaria o no, en interacción unas con otras o no, con mayor o menor dogmatismo y con resultados más o menos brillantes. Se podría decir que conservan las más viejas pulsiones o las desechan, teorizan más o menos o prefieren una praxis crítica, llamada "análisis"; en las manifestaciones de cada una se puede advertir, en otro nivel, que se ordenan, como si no pudieran desprenderse de ellas, según las líneas de fuerza más generales, como la acentuación de lo subjetivo o la búsqueda de la objetividad científica, o bien están atravesadas por un interés por la historicidad de las obras o, al contrario, son sólo sensibles a la textualidad, dejan de lado o buscan el mensaje, o la significación, se vinculan con la peculiaridad cultural o se sitúan en una dimensión de universalidad, etcétera.

Esta pluralidad de tendencias configura el escenario en el que en la actualidad se dirime el quehacer crítico y, por el momento, todas ellas son otras tantas opciones que se han seguido y se siguen de acuerdo con el ritmo de la producción literaria y las exigencias académicas de cada lugar. Otra historia posible es la de la actividad crítica en cada país, lo cual entraña el problema de la unidad latinoamericana, vasto problema si los hay y que, aunque no se pueda resolver, corresponde presentar como problema puesto que si se lo ignora todo estaría falseado; lo que sí podría decirse es que tal pluralidad de tendencias se encuentra en todo el subcontinente pero que los predominios no son iguales en una época dada en todos los lugares; así, el estructuralismo declina en algún sitio cuando apenas es descubierto en otros, la semiótica se abre paso pero con ritmos diversos mientras que el marxismo o la sociocrítica hacen reapariciones en ciertos lugares en tanto parecen eclipsados de otros: lo latinoamericano sería, por lo menos, tanto esta diversidad como la discontinuidad de las respuestas, sin contar con una tendencia bastante marcada al sincretismo entre unas y otras.

En cuanto a este libro, se podría decir que se sitúa en este panorama como arraigado en él, aunque persiguiendo su peculiaridad, su propia definición. Si por una parte los conceptos que operan en sus diversos trabajos tienen una procedencia y quieren inscribirse en determinados campos teóricos, por la otra poseen una inflexión que resulta de un largo y vasto proceso, el relacionado con una teoría del "trabajo crítico" formulada en trabajos anteriores, en especial *Producción literaria y producción social* (1975) y *La memoria compartida* (1982). Podría señalarse, no obstante, que si ese concepto ordenaba o dirigía los análisis tratando de regirse por un acendrado respeto a un concepto de estructura textual y un extremo rigor en la determinación del juego de las articulaciones que podían conducir a la aparición de una "significación", en los trabajos reunidos aquí todo ello se concilia con aspectos nuevos tales como cierto carácter ensayístico y cierta perspectiva de teoría del discurso. Esta conjugación canaliza un deseo de borrar las fronteras tradicionales entre literatura y crítica, en la medida en que permite un ejercicio más amplio de una escritura y, por añadidura, "culturaliza" el trabajo crítico y muestra de manera menos secreta las relaciones de una obra con una significación amplia sin dejar entrar, sin embargo, determinismos o causalismos reductores y mecanicistas.

En el alcance de "ensayo" que sin duda tiene, este libro recupera o reinscribe a su autor en una tradición latinoamericana muy acendrada, que ha sabido en todo momento dar al modelo Montaigne una inflexión particular, sobre todo a partir del romanticismo; de este modo, el ensayo latinoamericano ha constituido un instrumento de indagación de lo real y en eso consistió su mérito, pero también hay que reconocer que la herencia romántica le hizo pagar un tributo de arbitrariedad que tiñó muchas expresiones: el subjetivismo, a veces asociacionista, a veces caprichoso,

caracterizó algunos de sus más destacados textos, sobre todo durante el auge de la inquietud por la cuestión de la identidad
nacional pero, en última instancia, eso importa históricamente
menos que la voluntad de crear instrumentos intelectuales propios,
surgidos del vientre de la necesidad, en declarada guerra a impo-
siciones de sistemas concebidos y construidos en otras partes; de
esa voluntad surgen hipótesis que calan hondo en la cultura del
continente y que, como las de Sarmiento, Martí, Reyes, Henríquez
Ureña, Cardoza y Aragón, Martínez Estrada, Borges, Paz, Rama y
otros, constituyen núcleos de referencia si no revelaciones defini-
tivas sobre diversos problemas culturales o literarios.

Se podrá decir, quizás, comparándolo con las obras de esos
ensayistas, que en este libro no hay una hipótesis central, que
ligue en una unidad reconocible de sentido a todos los trabajos
que lo integran, pero también se puede sostener que una lectura
atenta podrá descubrirla en el enfoque mismo respecto de cada
texto o cada problema; esa hipótesis es que no sólo existe una
discursividad latinoamericana, literaria, sino también un modo
de acercamiento a ella, coherentes una con la otra, motivándose
recíprocamente y articulándose en una figura superior cuyos rasgos serían la legitimidad de una producción y la legitimidad de
una teoría.

Pero la dimensión del "ensayo" procura otra cosa más, no des-
deñable: una interacción activa entre diferentes tipos de discurso
que en el ámbito editorial o universitario o periodístico perma-
necen rígidamente separados; de este modo, podría decirse que la
crítica, como lenguaje racional a priori, se poetiza y aun se narrativiza haciendo lo mismo que, como tendencia general de la literatura contemporánea, hace la narrativa —que se poetiza y se
ensayiza—, o la poesía —que se narrativiza o se ensayiza—;
de este modo, la actitud crítica declina de la normatividad y,
correlativamente, de la soberbia enjuiciadora; en esa medida am-
plía quizás su radio de acción, sus posibilidades de ser leída y,
en consecuencia, de ingresar al ámbito más general de ese sector
de la textualidad que se conoce en un momento y en un lugar
como literatura.

Los temas y autores de que se trata son latinoamericanos; esto
quiere decir que pertenecen a varios países del continente, no
que encarnen una índole específica o una esencia, la latinoameri-
canidad. En la obra del autor de este libro esta ampliación es
resultado de un proceso en el cual tuvo que ver —lo favoreció—

el exilio y la forma de vivirlo que le brindó México: posibilidad de ser fiel a las raíces, posibilidad de vivir con intensidad la circunstancia local, posibilidad de recibir nutrientes universales (México ha sido en estos años el país más abierto, de mayor cruce de ideas y de inquietudes, de mayor encuentro de gentes). De todo ello surge la idea de que es posible una inquisición sobre la cultura del continente y, a la vez, de que tal movimiento puede implicar la apertura de una dimensión teórica indispensable para entender y poder seguir produciendo.

Varios de los trabajos aquí reunidos fueron publicados en revistas y escritos desde 1975 hasta 1983. Todos han sido revisados y reescritos en diversa medida con la precaución de no modificar su fisonomía ni su estructura discursiva e ideológica. Desde su punto de partida hasta su aspecto actual, son un producto enteramente mexicano. Al publicarlos en conjunto el autor expresa su agradecimiento tanto a El Colegio de México como a la Universidad Nacional Autónoma de México, instituciones en las que pudo concebirlos y realizarlos. Y, por supuesto, su agradecimiento a México por muchos otros motivos.

SENTIMIENTOS COMPLEJOS SOBRE BORGES*

A César Fernández Moreno

1) No HABRÁN pasado de dos las veces en que me encontré personalmente con Borges; yo las recuerdo, seguramente él no; la primera fue, creo, en 1948: el Centro de Estudiantes al que yo pertenecía lo invitó a hablar; era en una casa del barrio de Belgrano en el norte de Buenos Aires; se me pierde el tema que trató: conservo, en cambio, la memoria del balbuceo en el que se iniciaba entonces, una timidez que, envuelta en buenas maneras, creaba una distancia; no quedaba más remedio que ser "joven" frente a una homogeneidad de la cual el temblor en la voz, la mirada perdida, el tanteo eran una máscara, una coraza, un sistema de protección; lo que nos unía era un complejo sistema de deslumbramientos (haber leído sus poemas, *Ficciones,* saberlo traductor de Faulkner y de Kafka) y el común antiperonismo, el cual ni era explicitado ni era analizado, estaba ahí, era un supuesto cuyo develamiento podía causar un escándalo. La segunda vez que lo vi fue en Córdoba: custodiado por Carlos Fernández Ordóñez, asediado por Emilio Sosa López, celebrado por personalidades locales, le fui vagamente presentado pero no me surgió decirle nada; en ese bloqueo fui correspondido, me limité a observarlo, estaba casi ciego, su cara iba teniendo ya esa vocación marmórea que se puede advertir en sus fotografías más recientes, su aire de impenetrabilidad en contraposición al desvalimiento, real o fingido, de 1948. Esto ocurrió en 1963.

2) Pude escuchar a Borges en dos ocasiones en todos estos años, entre el público; la primera vez fue, como ya lo he dicho, en una casa; he olvidado el tema, no la entonación; la segunda vez fue en el auditorio, que sentía como enorme, de Radio Nacional de Córdoba, en 1963; la sala estaba llena, Borges habló sobre el *Martín Fierro;* miraba hacia adelante, los ojos entrecerrados o vacíos, parecía sacar sus frases de adentro, como si rezara o como si supiera con absoluta seguridad lo que quería decir; se acercó

* Publicado en *Les Temps Modernes*, núm. 420, París, 1981 y en "Sábado", de *Unomásuno*, núm. 185, México, 23 de mayo de 1981.

a la mesa acompañado por alguien, quizás viera solamente sus pies; no tenía papeles en la mano, escucharlo tenía algo de fascinante porque había que acompañarlo en esa dificultad de elocución que hizo su prestigio; particularmente impresionante fue su manera de decir una sextina, del final de la primera parte, cuando Fierro y Cruz deciden irse entre los indios, repudio y verificación, versos que están sin duda entre lo más hondo de la poesía en lengua española:

> Y cuando la habían pasao,
> una madrugada clara,
> le dijo Cruz que mirara
> las últimas poblaciones;
> y a Fierro dos lagrimones
> le rodaron por la cara.

Su densa manera de decir recogía eso que se reconoce como poesía y lo expandía en la sala; momento culminante, hablaba de una maestría, de una inteligencia, de un cierto plano por el cual se deslizaban "cosas" intelectuales que podían ser recibidas, admitidas; sin embargo, todo lo demás que dijo me resultaba conocido, era lo mismo que había escrito en *Discusión*, en los años 30, en el libro sobre el *Martín Fierro*, en el prólogo a la *Literatura gauchesca*, que hizo con Adolfo Bioy Casares. Lo mismo que volvería a decir sobre gauchesca en infinitas, agobiantes entrevistas, pero siempre como si fuera por primera vez, invocando esos "lagrimones" como una manera de instalarse en la emoción del otro, como si, púdicamente, quisiera hacer creer en su propia teoría de la emoción, seguramente reducida por la reiteración.

3) Tres veces escribí sobre Borges; la primera fue hacia 1951, en la revista *Centro*, en cuya dirección yo mismo estaba; fueron dos páginas sobre *Otras inquisiciones*: me seguía el deslumbramiento, expresé mi admiración por la matemática de su pensamiento, conjeturé que puede haber una pasión puramente intelectual y que Borges la encarnaba o podía encarnarla; la segunda vez fue hacia 1962, a propósito de *El hacedor*: me empeñé en decir allí —quien lo desee puede buscar esa nota en la revista *Zona*, que hacíamos con César Fernández Moreno, Francisco Urondo y Alberto Vanasco— que Borges se me aparecía como condenado a repetirse, que en ese libro no había nada que no hubiera escrito o dicho y que, para desventaja de ese libro, lo había escrito con más rigor anteriormente; señalé que *Ficciones* era el punto

de llegada pero, al mismo tiempo, que la reiteración auguraba un
éxito que hasta *Ficciones* no había conocido; no me equivoqué,
pareciera que eso que se llama "reconocimiento, fama", etc., llega en el momento de un agotamiento que no pronuncia su nombre
ni se presenta con su propia cara; entretanto me referí a Borges en varios textos que no vale la pena citar: están ahí y él
aparece en casi todos como quien dio al solitario y desesperado
mensaje de Macedonio Fernández una forma sólida, una transmi-
sibilidad que Macedonio no sólo no había podido alcanzar sino
que desdeñaba: Borges como correa de transmisión que toca toda
la moderna literatura latinoamericana y, a su través, la revolución
macedoniana; por último escribí un texto sobre *Ficciones* que leí
en 1968 en Cluny, frente a un público que sin duda lo amaba,
lo reverenciaba y encontraba en sus textos una fuente de autocon-
firmación; si se piensa que Foucault ya lo había tomado como
punto de partida para *Les mots et les choses* y que el llamado
"Nouveau roman" lo declaraba y lo declamaba como una fuente
de inspiración, una tentativa crítica, aun con las armas que usa-
ban los asistentes al coloquio, no podía caer sino en el silencio:
si los franceses nos hacen el favor de venerar una obra latinoamericana no es fácil que acepten una crítica de latinoamericanos
a esa misma obra, es decir a su creencia.

   No cabe duda de que subsistía en mí una fascinación por su
inteligencia y su economía; incluso por su unidad; también de
allí me surgió una informulada intuición acerca de "lo que Borges
vio" cuando empezó a escribir poesía. Vio dos cosas, creo: una,
cómo surge eso que ahora llamamos "escritura", o sea el funcio-
namiento de una autonomía; dos, ciertos núcleos ideológicos que
penetran toda su obra ulterior y que se refieren a cuestiones tales
como el origen (propio), la nación, la sociedad; por un lado, un
fecundo sistema productivo (de la escritura) puesto en acción;
por el otro, un obsesivo, idealizado rescate de sustancias que
deben haberlo conducido, obsesivamente, a una difusa metafísica
que podría, en su caso, tener como correlato una actitud conservadora, de cielo fijo, en el que las cosas (los valores) no pueden
cambiar de lugar.

   ¿Hay contradicción entre las dos líneas? Quizás sí en la medida
en que vemos a la una como radicalmente fecunda y la otra como
negativa desde cierta perspectiva humana, revolucionaria, crítica;
pero tal vez se puedan ver las cosas de otro modo, no tan mani-
queo, puesto que no hay garantías de nada en materia de pun-

to de vista o de creencia, sobre todo si no se formulan desde un
poder; por de pronto, la contradicción podría tener otro asiento,
a saber, que si lo cerrado es el rasgo predominante de una actitud
política conservadora lo cerrado puede ser, en la escritura, la cifra
o la clave de la riqueza: supongo que existe una tendencia a
considerar la fecundidad de una escritura como basada en su apertura, su permeabilidad, su capacidad de manifestar de inmediato
lo pulsional; conjeturo, igualmente, que tal vez una escritura rí-
gida, asediada por la estructuración, cerrada, posea sin embargo
la virtud de iluminar un camino, tal vez aquello que reprime
atraviese, por eso mismo, como lo reprimido lo sabe hacer, la
piel de la frase perfecta y tal vez sea ese juego entre pulsiones
y represiones la clave de la fecundidad, lo que hace pensar o
desear. Al revés, esto nos autorizaría a conjurar la contradicción
pensando que el mismo esquema podría valer para lo político que
podría ser visto, así, como sistema de control de algo que desborda; correlativamente, esto no impide que, negando a la escritura
capacidad de trascender sus caracteres externos, se pueda establecer concomitancias entre la búsqueda de cierre y de perfección
y los requisitos, de congelamiento, propios de un pensamiento
político conservador. Hay diferencia, desde luego, entre un campo
y otro: si, como pretendo proponerlo, una escritura puede ser
rica a pesar de ser cerrada porque la lucha entre pulsiones y
cierres o límites resulta iluminadora, en el discurso político la clausura de las pulsiones o, si esto es demasiado, del deseo o de lo
imaginario, exalta lo reprimido que, metonímicamente, define todo
el campo, consagra un bloqueo. Lo que vivimos como contradictorio, entonces, tomaría forma en la oposición que reconocemos
entre los efectos de su escritura y los efectos de su pensamiento
conservador; me reservo el derecho de no anular la posibilidad,
en cambio, de que no haya contradicción, por lo menos en lo
superficial, dentro de lo que lo superficial vale, entre ciertos rasgos de su escritura y ciertos rasgos de su pensamiento conservador, aunque no me engaño, tampoco, acerca de los riesgos de
mecanicismo que pueden acechar en la persecución de esa analogía en detrimento del análisis de la diferencia de alcance entre
ambos discursos. ¿No se podría decir más o menos lo mismo
acerca de sus admirados Péguy y Bloy o Chesterton? ¿No serán
ellos, con su conflicto, un modelo más perturbador que otros,
más frecuentemente invocados?

4) Con Borges nos cruzamos varias veces en lugares públicos; el día mismo en que me embarcaba por primera vez a Europa, marzo de 1953, él iba para el oeste en la calle Florida y yo para el este; como quizás no sea necesario declararlo yo reparé en él, él no en mí; sentí, debo confesarlo, que me despedía de Buenos Aires, tan vacilante en su desplazamiento como Borges, que seguía recorriendo infatigable, vacilante, la ciudad; cuando llegué de Europa, en octubre de 1954, al día siguiente nomás, me crucé con Borges en la calle Florida, yo iba hacia el oeste, él en sentido contrario: ¿recepción que me hacía la ciudad? Tan silenciosa como lo fue la despedida, en todo caso algo simbólica, como si Borges tuviera que ver si no con mi destino al menos con mis desplazamientos importantes; como decidí no ir más a Europa mis cruces con Borges por la calle Florida se hicieron más frecuentes y menos significantes; bastaba no negarse a caminar por Florida, bastaba, después del 55, pasear a veces por el barrio Sur. No obstante mis decisiones, los viajes recomenzaron a partir del 58; en el 67, empujado por el golpe militar de Onganía, tres o cuatro días después de la muerte del *Che Guevara*, tomé otro vapor: igualmente, casi necesariamente, vi a Borges por la calle el día mismo de mi partida, más titubeante, acompañado, llevado del brazo. Recientemente contaba todos estos cruces, de los que algún lector de Henry James podría extraer alguna atmósfera o al menos la tela para una explicación, a Luis Dávila y a Merle Simmons, en una cafetería del campus de Bloomington, Indiana; me divertí mostrándoles que un escritor puede estar físicamente en nuestra vida sin que haya ni siquiera un cambio de palabras, inútil por otra parte; terminamos el café, tomamos el ascensor y, de pronto, al abrirse las puertas de salida, Borges que iba de entrada; nos miramos con Dávila, creo que él comprendió el sentido de estos cruces; al retirarme de esa ciudad, que nunca pensé que pudiera ser mía, en la que Hoagy Carmichel compusiera "Star dust" una noche de decepción y en una casa que hoy se llama "García's Pizza", Borges salía en sentido contrario, el rostro ya pétreo, la boca llena, apoyado en un bastón y en el brazo de una muchacha que parece japonesa, María Kodama dicen que se llama; en el coche, yéndome, última imagen de Borges por una avenida arbolada, alejándose con la espalda todavía erguida, como definiendo de una vez para siempre un sistema de relaciones, persiguiendo, él obstinadamente, el secreto de unas calles que han de serle irremisiblemente desconocidas, aparte de los árboles que no veía,

de un cielo primaveral acaso semejante al de las pampas pero trabajado de otra manera, diferente por lo tanto.

5) En 1974, en septiembre, tomé un avión para venir a México; desde entonces no regresé a la Argentina: supe que eso ocurriría; durante el vuelo leí el libro de Roa Bastos, *Yo, El Supremo* y una larga entrevista, publicada por *La Nación,* que Eduardo Gudiño Kieffer le hacía a Borges; con el libro sufrí, con la entrevista me divertí: Borges hacía trizas todos los intentos de Gudiño para encaminarlo al "bien"; Gudiño decía, si no recuerdo mal: "El *Che Guevara,* héroe latinoamericano" y Borges acotaba, distraídamente: "Guevara, Guevara: es un apellido mendocino, ¿no es cierto?" La manera de decir de Gudiño pretendía bloquear, la respuesta de Borges denunciaba dos cosas: que Gudiño quería bloquear mediante supuestos quizás no compartidos, que Gudiño mismo no creía demasiado en lo que daba por supuesto sino que lo utilizaba y se valía de ello; vistas las cosas de este modo, Borges aparecía más crítico, más dinámico que Gudiño, puesto en evidencia como alguien que amparándose en una "verdad" sostenida por mucha gente en realidad estaba queriendo obligar, forzar, domar, exorcizar una notoria actitud agnóstica; Gudiño desconcertado otra vez porque, para Borges, nuevamente, "no había nada sagrado". Años después volví a tener la misma sensación al mirar unos diálogos entre Borges y Sábato que una editorial argentina creyó indispensable dar a luz; Sábato corre con el gasto de los grandes temas; Borges gruñe de cuando en cuando una especie de "así ha de ser nomás" y no se toma el trabajo de destruir las arduas y pretenciosas —filosóficas— articulaciones de Sábato, acaso "para no quedar como un desatento", como dirían los criollos, en cuyo desdén Borges nutre su conocido estilo denigratorio. Me está pareciendo que esto es constante; la gente no se resigna a que la conocida frase de Gide sea verdadera: con los buenos sentimientos se hace mala literatura, aunque lo contrario tampoco esté cabalmente probado; muchos creen que porque Borges escribe bien, sin preguntarse demasiado qué es eso de escribir bien, de alguna manera, en alguna recóndita parte, debe poseer buenos sentimientos, verdad que tratarán benévolamente de poner de manifiesto, así se encuentren con los obstáculos que pone el mismo Borges; cuando esta manía de Borges por no querer ser "bueno" llega a lo político, se produce el escándalo, se generaliza el sufrimiento, cómo puede decir eso, tan gran es-

critor y tan reaccionario, debe estar bajo la influencia de alguien, en una época era un tal Di Giovanni, creo, que venía a ser su López Rega, en un paralelismo gerontológico con Perón que a muchos les causó gran placer.

6) Naturalmente, además de los que lo quieren sacar "bueno", están los que lo cuestionan directamente: de algunos se sospecha que lo hacen, además de la voluntad de destruir un mito pernicioso, con la menos confesada intención de conseguir un poco de esa esquiva gloria que a Borges en este momento le sobra: alimentos de la sombra que proporciona, así sea negándolo, un árbol grande. ¿Quedo a salvo, en mi anonimato, de tal sospecha? Él deja que los reproches broten y luego, con una frase, los derriba: "¿leyó el libro titulado *Borges político* que salió en México?" "Pronto van a escribir uno que se llame *Borges ciclista*" responde de costado, dejando sin palabras ya al que pregunta y sobre todo al libro en cuestión; no sólo pone de relieve la fatuidad de quienes lo viven como "fenómeno de una época" sin tomarse el trabajo de entrar en la complejidad de un "fenómeno de una época" sino que demuestra, simplemente —lo que tiene una fuerza arrolladora— que él no comparte ciertos supuestos ni, menos todavía, los sistemas críticos que dimanan de dichos supuestos.

Se me aparece, en ese sentido, como una especie de darwiniano, por añadidura autista, nadie la pega con él, nadie acierta en lo que le pasa o en lo que piensa y a nadie da el gusto, salvo que de entrada se le dé satisfacción, se le haga abrir el flujo de su discurso sin obstruirlo ni con un enfoque diferente ni con una pulsión destructiva: en ese aspecto parece un niño, egoísta, malcriado, sigue siendo el Georgie en el cual el malhumor tiene, genialmente, el sustituto de una inteligencia sin desfallecimiento en la réplica.

Tal vez desde este fundamento se puedan entender las cosas por lo general chocantes que declara y que luego rectifica como si nada y aun las alusiones que presenta como absolutos sin que eso impida una relativización ulterior: no sé qué dijo (o mejor dicho, sí sé) acerca de la inferioridad de los negros que luego negó, no sé qué afirmó sobre el "mero español" que luego negó, sé cómo felicitó a Pinochet y a Videla y hoy sostiene que es insoportable que haya muertos y desaparecidos en la Argentina, en un momento dijo que Alfonso Reyes era el mayor prosista de la lengua española y posteriormente lo redujo a "uno de los mejores" y así, en esa línea, *ad infinitum,* desconcertando siempre a los que persiguen coherencia y a los que creen que el mundo entra en convulsiones si alguien se permite la provocación o una empresa de fastidio del prójimo; en todos los casos lo que busca es molestar al interlocutor, frustrarlo en sus expectativas, es como si retuviera, intelectualmente hablando, un líquido seminal, como si estuviera incrustado en una teoría del chiste bergsoniana o por ahí freudiana o como si se considerara a sí mismo un campo en el que se ejemplificaría, sin declararlo ni asumirlo, la teoría lacaniana del deseo.

Podría afirmarse, entonces, que en realidad no le importan ni los negros, ni los indios, ni los desaparecidos, ni Alfonso Reyes, ni siquiera los peronistas respecto de los cuales ha engendrado un caudal de frases, ni los futbolistas; lo que sí le importa, en cambio, con toda parsimonia, es o sería la manera en que puede canalizar algo que para abreviar podríamos designar como *su* "cinismo", a costa de quien o de lo que sea, manipulando a ese "quien o lo que sea" pero para desbaratar a su interlocutor al mismo tiempo que recibe confirmación sobre su actitud, su enfoque o su manera, no para desbaratar a ese "quien o lo que sea", aprovechando del "objeto subjetivado" para destruir al "sujeto objetivado". Estoy pensando, matizando, que si hay una verdad en Borges es la del cínico, ni siquiera la del cinismo que tendría un alcance general, sistemático; su verdad, en cambio y en última instancia, tiene el subyugante interés de su carácter intuitivo, capaz de despreciar toda fundamentación; pero no es sólo eso: como todo cínico, posee la virtud de fragmentar, de romper la aparente totalización con que se presente el obstáculo y, a partir de ahí, presenta un modelo del mundo que tiene, precisamente, ese interés.

¿Es lo que vio Foucault en su descripción del bestiario del Emperador de China? Y si su modulación de cínico se pone, para mí, de manifiesto en su aparato de refutación o en su sistema defensivo, en el ámbito de su circulación ideológica, creo que penetra también en su textualidad y lo lleva, al menos, al universo de enumeraciones y de superposiciones con que ha articulado desde hace tiempo sus ficciones. Tomemos a Foucault: es probable que su manera de aceptar el modelo fragmentario de Borges no implique una adhesión de tipo finalista en la medida en que los intereses de Foucault configuran un sistema crítico del proceso de producción de lo real o del discurso de lo real; ¿entonces qué y por qué? Tal vez porque Borges, como me lo sugiere Juan Carlos Marín, hace de "operador", desencadena procesos en el otro, obliga a revisar cuando no sugiere caminos de diferenciación necesaria pero fecunda: al fatuo, lo dije, lo aniquila, al prejuicioso lo suspende pero al filósofo, tal vez, lo estimula lo mismo que al poeta, sin que el filósofo o el poeta tengan por qué borgianizarse; Borges los hace, por despecho, por sarcasmo, trabajar.

7) ¿Es denigratoria la palabra "cínico"? Ante todo es útil aunque no exhibamos todos los elementos del paradigma: la uso paradigmáticamente, hay una historia de los cínicos que tiene, como se sabe, instantes de gran radicalismo; Borges estaría en el medio, seguramente hay cosas en las que cree, el rigor de la frase, la voluntad de mostrar la fragmentación de lo real, los recuerdos de familia y la historia patria, lo mismo que las convicciones liberales, todo lo cual lo hace un cínico atenuado y por eso, quizás, triunfante: discutible como ideólogo, en la medida en que se trata tan sólo de creencias personales con las que se puede muy bien no coincidir, utiliza el cinismo como instrumento y, en esa parcelación, halla la clave de su eficacia, justamente porque no impone nada personal al mismo tiempo que destruye lo personal del otro; de la historia de los cínicos ha extraído un elemento que explica su triunfo: quedarse con la última palabra, lo que implica, previamente, haber creado las condiciones como para que se le solicite una palabra y haberse astutamente tomado el tiempo para que su palabra aparezca como la última; este mecanismo, como en casi todos los cínicos, da cuenta de una genialidad y explica por qué, en general, salvo Diógenes (y hasta cierto punto) los cínicos son ganadores.

Pero no despreciemos las similitudes: si a Diógenes Alejandro le tapa el sol, a Borges los Gudiño, los Sábato y tantos otros le tapan el sonido, el aire, tiende a apartarlos, el sarcasmo, la alusión, la imagen hacen de imaginaria escoba o, glosando a Quevedo, de "aguja de marear tontos". Pero subsiste el enigma de su eficacia, sobre todo porque le dura tanto y porque, de alguna manera, sigue actuando aun cuando él ya no diga nada, aunque todavía dice: hay una nube de transmisores de sus ironías, de reproductores de sus cartas de triunfo que lo citan engolosinados, dispuestos a contribuir a su gloria; pienso que es, justamente, la eficacia lo que deslumbra y seduce, más que la creación verbal en la que se apoya; lo sorprendente es que, en un mundo que tiende a uniformizar la expresión, Borges, espontáneamente un conceptista, haya logrado convertirse en un mito casi popular, al menos de numerosas y grandes minorías: la eficacia es la medida y la explicación, aunque todavía no sepamos por qué la logra con tanta continuidad, por qué suscita la envidia, la emulación, la fantasía de la identificación; y otra virtud aún: hace pensar que por debajo "hay algo importante" que funda la eficacia y que basta con afirmar. Creo que si los estructuralistas en general lo estimaron hasta la reverencia fue a través de una hipótesis semejante, aunque no se descarta que le encontraran un sabor superior al sabor medio de la tradición tranquilizante y francesa: eficacia en la construcción, por ejemplo, objeto estructural y estructuralizable casi por derecho epistemológico propio; como el estructuralismo ya pasó, porque llegó a sus límites, no necesariamente porque estaba fundado en una miseria conceptual absoluta, se siente que si el tema vale la pena, para saber algo más sobre él sería necesario poner en acción una actitud más semiótica, destinada, en el mejor de los casos, a mostrar la conducta del significante que actúa más allá de la eficacia, que sostiene en todos y cada cual un interés todavía actuante de su escritura y que él se empeña en tapar o borrar mediante, justamente, su astucia. Digamos que si, como quiere Ricardo Piglia, su escritura es "anticapitalista", nota que permitiría entender su escritura y lo que ella opera en niveles plurales, no sería eso lo que Borges reivindica sino, por un lado, un procapitalismo conformista (lo que tiene poca importancia) y, por el otro, una teoría de la perfección en la que estaría radicado todo el valor.

8) No sólo no cabe duda sino que es un lugar común que Borges "sabe" de literatura; de pronto su saber es apócrifo, lo que no le quita para nada sabiduría en la medida en que el apócrifo es una construcción cuyas piedras existen, son reales y son muchas; el manejo de ese saber es admirablemente natural, aunque deje afuera a los que no "saben"; de alguna manera se presenta como "lujo del saber", que sería algo así como lo más decantado de una tesaurización que ya no necesita exhibirse: Borges es lo contrario, en ese sentido, de un erudito. Pero tiene algo más todavía: no le preocupa asumir ese lujo, esa riqueza, no le preocupa ni le inquieta mostrarse como escritor, dice ser poeta y cree poder hallar en la materia del discurso poético temas para discurrir públicamente, o en público mejor dicho, sin avergonzarse; finge que

todos los que lo escuchan o leen están interesados por las mismas cosas y, a fuerza de persistir, los que lo leen y escuchan terminan por aceptar que están interesados por las mismas cosas; se opone, en ese sentido —o se destaca—, a la actitud generalizadamente culpógena de escritores y poetas que por un lado se ocultan como tales y, por el otro, están permanentemente tratando de disculparse por escribir, un gusto equívoco y turbio, un apartamiento de lo real que, según muchos, sólo puede hacerse tolerar si admite su marginalidad; Borges no, ni se "compromete" ni cree que hablar de Lugones sea más trivial que hablar de Perón; en esa asunción des-vergonzada hay, naturalmente, un enfrentamiento, posiblemente el más fecundo y compartible. También hay una tentación: imaginar esta actitud como anacrónica; si se piensa bien podría ser entendida como corriente en el siglo XVIII y en otra parte, no en la Argentina y en el XX. No pienso, por otra parte, que no sea consciente del anacronismo y de sus consecuencias: me parece que está presente en su *Poema conjetural,* como oposición histórizada entre las letras y las armas, fórmula que hasta cierto punto, en un nivel, recoge la tradición de Civilización y Barbarie; hasta cierto punto, referido a un universo paleotécnico que todavía subsistiría en lo político, por ejemplo, pero más allá en la medida en que la "defensa del oficio" implicaría la reivindicación de un sistema de producción que el "sistema de producción" en curso tiende a hacer crecer en insignificancia. Sin embargo, su "saber literario", núcleo que me queda sin elaborar, tiene algo de claustral y por responsabilidad suya: hace todo lo posible para aparecer encerrado en su saber, pareciera que no le importa aprender ni, tampoco, manifiesta ninguna inquietud acerca de cómo ese saber, tanto el suyo como el de otros, puede organizarse más allá de su pura afirmación que, a su vez, el desplante realza y disfraza: dicho de otro modo, tal vez está excluyendo de su saber algo esencial, un proceso concebido mediante el sistema de riesgos que lo amenazan y- lo constituyen al mismo tiempo.

9) Tengo la impresión de que los rasgos apuntados en los puntos precedentes, su manera de "saber", su cinismo, la forma del niño que se continúa, la seducción de la eficacia, una "verdad" que está más allá y que los demás deben descubrir, conducen a alguna parte, se traducen en algo que aparecería como un objeto de cultivo temático; tengo la impresión de que el lugar al que conducen es la biblioteca paterna, reducto mismo del niño y del saber, ám-

bito, a la vez, de un orgullo sin réplica y de una afirmación sin contradictores. No es que ahí haya nacido todo: ahí se está todavía y lo demás, la imaginación, es una proliferación, reducida, de sustitutos que convocan y ocultan y se presentan tan sólo como temas nada más que predilectos pero en realidad son algo más, son figuras internas obsesivas y, en la medida en que insistir en ellas no las anula, son figuras sumamente irritadas lo que, correlativamente, dibuja el esquema de un deseo que la exactitud de la forma no logra reprimir.

10) A mediados de 1974 me indigné con Borges; pocos lo supieron pues no me pareció necesario exteriorizar la delicada trama de esa indignación. Fue a propósito de Macedonio Fernández: sostuvo que había sido un extraordinario hablador (que decía una o dos frases —memorables— por noche, nada más), no un buen escritor; tema fácil para él, no necesitó corregirlo en una entrevista que se publicó en México en 1980 y que le hizo mi amiga María Teresa Marzilla: no hay multitudes que se apasionen por la diferencia entre hablar y escribir. Entonces daba ejemplos que me hacían pensar seriamente en la solidez de sus ideas sobre escritura; según Borges (cito de memoria, modifico) "repeticiones y palabras abstractas *afeaban* su prosa" (s.p.m.); surgía potente, inequívoca, la figura de Lugones como hombre silencioso y retraído pero de "saber escribir". Dos modelos, dos caminos pero en Borges —eso fue lo que me indignó— una sola ingratitud, una corrección staliniana de la historia pues se sabe que Macedonio *le abrió el camino* no sólo para atacar, entre el 20 y el 30, a Lugones sino también para escribir: por lo que de revolucionario le enseñó ese viejo —era revolucionario enseñarle la ruptura, la fulguración de lo instantáneo, el chiste, el descreimiento de la verosimilitud— pudo combatir a Lugones, Macedonio era el padre autorizante pero la autorización tenía el sentido de una desestructuración, colmaría el deseo menos confesable pero más profundo de un muchacho talentoso, lleno de pasión por las cosas escritas; al final del camino invierte las cifras, destituye la presencia fecunda minimizándola, restituye la presencia opresora engrandeciéndola: ¿largo proceso a través del cual lo que combatía como opresión se ha ido integrando en él, constituyéndolo a su vez? Sorprendente porque el paradigma Lugones no ha llegado a regir totalmente su escritura o, mejor dicho, él trataría contradictoriamente de que la rigiera pero no lo logra todavía, su escritura

sigue siendo, en los textos escritos hace tiempo y en algunos de
los actuales, un lugar de choque, una lucha con armas lugonianas
para sofocar la libido macedoniana que aparece así neutralizada
pero no muerta, engendrando sin embargo sus efectos. Hay momentos, desde luego, ni siquiera Borges es completamente homo-
géneo: su esfuerzo y su estima van, por ejemplo —y para tomar
lo más externo— hacia la armonía en la frase, no hacia el deslumbramiento por la crispación de la ruptura (a lo que denomina
afear), elige la sólida pesadez del significado en la medida en que
afina un "querer decir" preciso, mínimamente librado a la ambigüedad y rechaza la nerviosa, inasible, imprevisible libertad del
significante, le ha vuelto a ver el sentido a las convenciones y ha
desechado, con argumentos de mero sentido común, la perspectiva
de actos verbales que vienen de y producen luego transformaciones, lo imprevisible; lo imprevisible es cada vez más en él una
situación insólita, pensada y, por lo tanto, puesta en la balanza
de lo previsible que restaura su dominio. De este modo, recupera el verso medido, la rima, los cuentos son variaciones articuladas, como si se tratara de un conjunto cuyas partes basta con
variar, de los mismos tópicos, leo con tedio algo sobre tigres;
pero, de pronto, un poema que se titula "Hoy" y cuya construcción produce alegría, es libre, está corregido por indicaciones
de un poeta, Rodolfo Braceli, que lo ayuda a escribirlo en la máquina; súbitamente, cuando ya no se esperaba, se desolemniza,
deja salir un amor por las palabras y un afecto por las imágenes que se convierte en afecto por su interlocutor, del mismo
modo que declara. que los "desaparecidos en la Argentina es
un hecho insoportable".

Hasta hace poco Lugones triunfaba en él: ¿frente a la amenaza de un nuevo retorno del odiado peronismo un intento de
defenderse del mundo exterior mediante la invocación al padre
duro e impenetrable para ser como él, así de invulnerable? Ahora,
un vaivén, vuelve a reírse de Lugones, quizás el mundo —bajo
la firme dirección de los generales— ha vuelto a ser seguro y
ya no es necesario endurecerse, lo cual sería de todos modos
coyuntural. Pero hay algo permanente: Macedonio venía siendo
derrotado pero, como entre latinos y griegos, lo que verdaderamente importa en Borges es lo que proviene del derrotado, no del
triunfador.

Tal vez ese juego de reconocimientos y desconocimientos, de
ambas figuras, permite entender un poco más lo político: acaso

sus opciones políticas ("la democracia, esa superstición") tienen
un dibujo similar y no porque Macedonio haya sido un demócrata
(era un anarquista) ni Lugones haya terminado en un fascismo
solitario, irreductible y desesperanzado; es que la existencia de la
pasión implica un terror correlativo por la pasión, la fascinación
del desborde propone un correlativo terror al desborde, el espectáculo del dolor provoca un elogio trivial de la felicidad, la imagen deslumbrante del futuro (como él mismo lo vio en Sarmiento)
engendra una pesada elección, triste, por el presente.

De todos modos, figuraciones, fantasías, acaso una credulidad
excesiva en las posibilidades de lo real, una ingenuidad anarquista
porque ¿cuándo se vislumbró ese futuro enceguecedor?, ¿cuándo
no fue posible conjugar el dolor ajeno con el erotismo propio?
Y ya que se citó a Sarmiento, acaso ese juego de fuerzas que
lo lleva a autorizar el autoritarismo —pero en cuya manifestación
siempre algo del otro se conmueve: "la democracia, esa superstición", frase que escandaliza a muchos izquierdistas, ¿no habría
podido ser pronunciada, en otro contexto desde luego, por Trot-
sky?— sea un rasgo de liberalismo patricio argentino más que de
fascismo, intelectual o criollo: ser tolerante con el futuro a condición de que no se conmueva el presente, ser receptivo del movimiento de los pueblos a condición de que no se conmuevan ciertos
núcleos que costó configurar o que definen la raíz del alma; es
quizás eso el liberalismo que llamo patricio porque es histórico,
el elemento central, lo que hay que defender; y si lo que podría
disolverlo, el anarquismo macedoniano, se ha metido en uno, pues
a desarraigarlo; por eso la reducción de Macedonio y la exaltación de Lugones, por eso la paulatina renuncia al concepto de la
"escritura" que había ido, de una manera u otra, forjando, en
la línea destrucción-construcción que entrevió genialmente Macedonio; quizás, aún, sobre esta fidelidad —que a partir sin duda
de 1945 sufre graves embates— se entienda su manía de corrección de sus textos más antiguos: obsesiva búsqueda de acuerdo
entre forma y contenido, entre significado y significante, obsesiva
en la medida en que el desacuerdo subsistente en esos textos
podría hacer sentir que un desorden intolerable permanece en
uno, instauración de lo irracional que el liberalismo no puede
soportar porque el destino —de la clase— se torna ininteligible
en el peligroso libro de la historia.

Y, finalmente, si el elenco de sus temas es reducido, para
neutralizar el peligro de la desaparición no cabe sino reiterarlo,

insistir: el origen de la familia, el destino de la clase, el arraigo de la propiedad, constituirían por lo tanto el telón de fondo de la insistencia, tendiente a conjurar el riesgo de una modificación; serían el elenco homólogo de un universo siempre igual, siempre corregido en pro de la perfección, siempre afirmado y, como es previsible, siempre amenazado.

11) En estos momentos, lo que se ha escrito sobre Borges asciende a centenares de trabajos, artículos, estudios, notas, tesis, libros; no hay día, casi, en que no aparezca alguna entrevista o algún comentario, al menos en esta zona; ni que hablar en Buenos Aires donde, según se comenta, no hay otra cosa. En estos días, sin ir más lejos (5 al 12 de mayo de 1980) he leído una entrevista a Borges y dos (a Rodríguez Monegal y a Piglia) sobre Borges en *Sábado,* otra hecha por Rodolfo Braceli y publicada en Mendoza, Argentina, una diatriba de Andrés Henestrosa en *Excélsior* y, quizás, hasta el hartazgo, más y más entrevistas, alusiones, ataques, posibilidades, declaraciones (como la que hizo sobre "desaparecidos" y que, como era de esperarse es, a su vez, glosada, analizada, "cómo será la cosa que hasta Borges la condena").

Hartazgo, pero siempre hay algo, curioso, extraño, como por ejemplo lo que recuerda Henestrosa: Billy the Kid (en el cuento de *Historia Universal de la Infamia*) mató a equis cantidad de personas, "sin contar mexicanos"; Henestrosa considera injuriosa esa generalización y traspasa a Borges el *animus injuriandi*: vertiginoso, nunca se nos hubiera ocurrido que eso podría ser tomado como un agravio.

Sea como fuere, ya sería muy difícil confeccionar una bibliografía "completa", verdaderamente completa sobre Borges; esta profusión privilegia a los trabajos más antiguos que, por eso, no han de ser omitidos en cualquier mención que pretenda asumir eso que, pintorescamente, se denomina la "bibliografía", palabra que implica la esperanza de un respaldo, de una responsabilidad. Recordemos a Etiemble, a Adolfo Prieto, a Macherey, a Sucre, a Rodríguez Monegal, etc., etc. Algo conozco de eso y de lo demás, que sería fastidioso citar: todos dicen algo, naturalmente, existe un discurso sobre Borges sobrepuesto al discurso de Borges, dotado de historicidad, sensible, en sus momentos, a supuestos metodológicos, atravesando capas y capas de discusiones teóricas. A veces hay mimetismo, como querría Yurkievich, a veces hay distanciamiento, como lo desearía Viñas. Lo único que se puede hacer con esa masa es clasificarla, remedando al Borges que ilustró a Foucault, con la misma arbitrariedad metafórica pero, esta vez, poniendo el acento en los alcances de los trabajos, con una pretensión más axiológica que de exactitud descriptiva, aún a través de la arbitrariedad.

a) Incluimos aquí los escritos que exaltan la persona del autor Borges, considerándola feliz fuente de una obra indiscutible.

b) Aquí se ponen los trabajos que exaltan la obra y se consagran a comentarla mediante glosas de sus tópicos más famosos, el laberinto, el tigre, el tiempo circular, el coraje, todos por lo general temáticos.

c) En menor cantidad, hay trabajos que se separan de la persona, que se separan incluso de la obra en tanto perspectiva de comentario para intentar la descripción de una estética que Borges declararía, en prólogos, artículos, indirectamente en cuentos y en declaraciones.

d) En menor cantidad todavía, entiendo que hay trabajos que persiguen el establecimiento de su estética implícita o, lo que es lo mismo, buscan estructuras que subyacen a sus textos y cuya dominación implicaría el predominio, a su vez, de conceptos estéticos, algunos concordantes con los declarados, otros en discrepancia.

e) Por qué no reconocerlo, hay trabajos que se desligan de la obligación de descubrir, reconocer o describir un universo llamado "estético" y prefieren determinar, tratando de lograrlo, estructuras que sostienen los textos, no los conceptos que guiarían el alcance de los textos, y significaciones que no serían las socorridas e inmediatamente visibles.

f) Existe un grupo de trabajos que deslindan entre el escritor y el hombre, sobre todo el hombre político: mientras rescatan con verdadero entusiasmo o con sobriedad sus méritos de escritor, atacan o bien dejan en la sombra la muy discutible bondad de sus perfiles humanos y políticos.

g) Como no podía ser de otro modo, hay escritos que no se ocupan de sus méritos de escritor e intentan, por el contrario, demostrar que el contenido ideológico de sus escritos es perverso, acorde con la perversidad que no vacila en exhibir en el plano político.

h) Correlativamente, no pueden faltar ni faltan trabajos que atacan directamente el significado político de sus declaraciones

y de sus actitudes y adhesiones vinculándolo o no con
sus obras.

i) No necesariamente como contraparte de la crítica que lo critica de una u otra manera, tal vez espontáneamente, hay
escritos que describen su filosofía evidente y la glorifican,
la encuentran verdadera o bien la hallan nefasta porque se
identifica con sus fuentes, es idealista, berkeleyano, etcétera...

En todo este esforzado corpus (varios decenios), acaso porque
Borges está vivo y no se priva, cuando tiene ganas de desvirtuar
lo que laboriosamente se ha dicho sobre él, hay algo de pasional
y de contingente, por lo tanto de corregible, como si no se avan-
zara mucho en la delimitación, no digo el esclarecimiento, del enigma. ¿Es un enigma para críticos? ¿No lo habremos inventado
entre todos como enigma? Aun cuando fuera así, esto es ya un
hecho, que no se puede eliminar y que no se puede, por el momento, resolver. ¿Cuáles serán sus términos? Me está pareciendo
que en lo fundamental el enigma consiste en que un escritor de
un país de segunda, que escribe en un idioma no competitivo,
haya logrado trascender y convertirse en punto de referencia, en
mito, en vaca sagrada a escala mundial, dándonos la vertiginosa
ilusión de que es posible para todos, como si, milagrosa, enigmá-
ticamente, hubiera podido derrotar una masa de determinaciones
que nos han programado, en América Latina, para otra cosa,
localismo, folklore, costumbrismo, vanguardismo a la violeta, au-
toelogio, camarillas, burocracias, espectadores del enceguecedor
espectáculo de la literatura mundial, no actores.

12) ¿Qué pasaría, me pregunto, si Borges estuviera de nuestro
lado? Ensueño diurno, ilusión: es difícil que esté de nuestro lado;
no sólo porque circula de acuerdo con parámetros diversos sino
por sus características personales que le impedirían ver como
buena una causa como la nuestra, a saber una unidad mayor
entre palabra y vida, entre literatura y cultura, entre cultura y
política; quizás gente como nosotros ni siquiera se acerca a su
propia causa pero, en todo caso, la incorpora, así como la dificultad, a sus ansiedades cotidianas; Borges, creo, no podría entender esta vaguedad: por un lado la distribución social no parece
ofrecerle conflictos aunque admita que podría ser perfectible; por
otro lado, la utopía se ubica para él, invariablemente, en el terreno de lo fantástico, no en el de la toma de partido respecto de lo

actual. Sobre esa diferencia, mal podríamos imaginarnos que estuviera de nuestro lado.

Sin embargo, a pesar de ello, las cosas no están concluidas y algo suyo, lo reconozco, tiene que ver con nosotros: por de pronto está presente en toda nuestra vida adulta; en mi caso, casi treinta años, los mismos que, por otro lado, ocupa Perón en mi vida; ambos me tomaron como espacio, ambos me significaron en mi imposibilidad de vencer lo que proponían y por lo cual entre ellos podían discrepar; digo, por eso, que Borges tiene que ver pero qué tiene que ver. Hay una respuesta: la literatura, el amor a la literatura, la posibilidad de una dedicación rica, de un sacerdocio que resuena en cada uno de los que nos sentimos involucrados por su existencia como una esperanza y una provocación, un desafío, a ver si la palabra, que se construye sobre una separación, del objeto que designa, nos devuelve a la vida.

Él, por lo tanto, no tiene problemas conmigo, yo sí con él; es su ventaja, es mi limitación; por eso él no trata de entenderse, por eso trato de entenderlo a él; trabajo inútil mientras viva; después, cuando no pueda replicar, tal vez logremos reducirlo, domarlo y hacerlo entrar en razón y, acaso, podamos descifrar nuestra propia posición, como ocurrió, tal vez, con Perón aunque no del todo todavía.

13) Especialmente en los Estados Unidos pero también en otros países, Francia, España, México, Borges es tema para tesis universitarias; ignoro si su predominio es absoluto en relación con otras figuras de la literatura, sólo sé que su presencia en ese plano es innegable; ignoro, también, si el mismo fenómeno se da en la Argentina: ¿existirá en Argentina una vida académica que permita trabajar académicamente, aun sobre Borges?

Algunos de esos trabajos atraviesan el proceloso mar de la indiferencia y se hacen conocer; no hay que creer que todos, por otra parte, descansan sobre las ventajas que ofrece un autor consagrado que, por añadidura, tiene el atractivo de una exquisita dificultad, ampliamente celebrada; se puede pensar, al contrario, que lo que motiva a muchos de ellos es una fascinación que se puede comprender más allá de la devota tarea de la "investigación en literatura latinoamericana". Insisto: si se trata de fascinación es muy probable que emane del hecho principal de una dicción que, pese a su extremada estructuración, introduce a "otro" plano o, más aún, a una pluralidad de planos que se extienden ante un lector irresistiblemente; experiencia de cada instante, basta abrir un volumen y detener la vista en cualquier parte, algo se levanta de esas frases que tiene materia, carnalidad y, pese a todo lo que se pueda pensar *a priori,* no hay forma de escapar a un cierto embrujo.

Ahora bien, a pesar de esa experiencia original, dichas tesis se ponen, luego, a hablar de otra cosa, no de ese plano "otro" ni de lo que se "levanta"; se registra una especie de adulteración, porque el punto de partida debería llevar a otro sitio, que afecta tanto a enfoques de izquierda como de derecha; dicha adulteración, que se justifica a sí misma permaneciendo en "lo dicho", renuncia a explicar y no logra, en el caso de los enfoques de izquierda, neutralizar efectos presuntamente perniciosos que se querían combatir. Momento de confusión siguiendo el cual el significante —que abrió el proceso del interés que nos dignifica desde el momento en que nos permitimos introducirnos en una complejidad sin humillarnos, al contrario, en el pleno ejercicio de una percepción funcionante y viva— se empieza a borrar y deja paso a una actitud de esclavizamiento al significado Equívoco fundamental y decisivo: si el "valor", o sea lo que desencadena, fue percibido mediante una inscripción de un "cómo escribe" a cuya acción le reconocemos tal amplitud como para declarar que es el momento inicial, en lo concreto empieza a manifestarse, en sustitución de un deseable rigor, una atención cada vez mayor al "qué escribe", lo que prueba hasta qué punto todavía no logramos ver lo que nos mueve aunque sentimos que algo nos mueve, hasta qué punto admitimos una dificultad que puede ser la del proceso de producción misma que resulta invariable y fatigosamente tapado por lo producido, al menos en cuanto se dibuja en el horizonte una cierta voluntad de organización de la percepción inicial. En esta reducción —y quizás haga falta mucho tiempo para que una práctica del significante sea no sólo legítima sino instrumental y éticamente posible— el "cómo" pasa a ser la "forma", el "estilo", la "estructura" y, por lo tanto, deviene lo secundario o subordinado cuando en verdad es el objeto mismo a considerar, entronizado desde su materialidad en nuestra propia materialidad.

14) Borges cubre con su presencia el segmento más importante de la literatura argentina. El más importante: porque son sesenta años pero, sobre todo, porque se trata del periodo en el que el concepto de una literatura moderna, de país moderno, se establece problemáticamente; no es, ciertamente, que esos sesenta años hayan dado las "obras más importantes" ni que constituyan una unidad cronológica similar a la del 80, por ejemplo, y por ello comparable: son varias unidades cronológicas, diversas travesías, infinitos conflictos, realizaciones inesperadas tanto en el dominio literario como en el social; ante todo, el momento en el que, parece, hay que salir del costumbrismo y proponer una palabra más madura, más vinculada al sentimiento de sí que puede tener un país y una ciudad; luego, la irrupción de una posibilidad teórica de vanguardia que se opone, se mezcla y se integra con una idea de politización de la literatura de plural registro, politización por la representación, por la pertenencia, por la asunción de un lenguaje, por la ideología de la escritura, etc.; más tarde, la depresión social y el difundido escepticismo acerca de una literatura nacional, europeísmo, reconcentramiento, refinamiento, mística, desgarramiento realista, etc.; posteriormente, la irrupción peronista, y populista en literatura, reconcentramiento de otro tipo, activo, crisis de poder durante la cual se gesta una literatura que ya puede cuestionar o, al menos, esa "gestión" prevé muchas instancias para la literatura, como que se van previendo muchas instancias para lo que podría llegar a ser el país mismo; ¿existencialismo después? ¿marxismo después?

Se vislumbra la posibilidad de que la literatura sea un sistema de objetos en circulación, no sólo en preparación; quiero decir: si previamente la "vida literaria" era el conflicto de los escritores, entre los escritores, como difundido conflicto de autoafirmación, ahora tal vez exista ya un público al que hay que darle cosas, el público empieza a formar parte del fenómeno; pasada esta euforia, el retorno peronista y la dictadura militar que lo sucede, pero que también lo precedió, establece una modulación más precisa, casi mecánica: el conflicto social predomina y la literatura, de alguna manera, entra en la sombra, no sólo por búsqueda a lo mejor poco fértil de maneras o de salidas sino porque algunos de los caminos que se preparaban son cegados, existe algo que se llama la "represión" y que no podría ignorarse en los efectos de la escritura, aún en la de los que están satisfechos con la represión; la literatura, por otra parte, entra en la sombra porque, como nunca, lo que importa es el poder, la conservación del poder que, constituido mediante expresiones de franqueza brutal, nunca vista (desapariciones, muertes, torturas, prisión), restringe horizontes, obliga a un repliegue, seguramente momentáneo, de la imaginación.

Pues bien, Borges atraviesa todos estos momentos indemne y de alguna manera expresa algunos; su obra es, en ciertos momentos, el de la década del 20 al 30, el de la década 70 al 80, un objeto que la sociología podría considerar no en el sentido de que "dice lo que pasa" sino en el sentido, más amplio, de que satisface expectativas que se relacionan con la estructura profunda de la marcha de la sociedad; seguramente las satisface por caminos recónditos e indirectos pero las satisface tan concretamente como que, en el período actual es el alfa y el omega de la literatura argentina, todo parece, para quienes tienen una vocación historicista, empezar y terminar en él y, para los que no la tienen, sólo terminar en él; caminos recónditos, ciertamente, porque, en lo aparente, parecería que textos como el Carriego poco tienen que ver con una cultura todavía provinciana o de escasa capacidad para formular sus propias premisas y, para los últimos tiempos, textos como *Elogio de la sombra* parecen tener poco que ver con una cultura que parece haber perdido una capacidad para enfrentarse con sus propias encrucijadas. O tendrán que ver, habría que ver aunque, claro, internarse en esas relaciones implica una responsabilidad previa, a saber determinar la estructura o las necesidades o las pulsiones de la cultura y, homológicamente, por qué la obra de Borges se les correspondería. Terreno movedizo, más apto para resbalones del análisis que para explicaciones sensatas.

No obstante, hay algunos hechos que sí se podrían consignar: el primero, que si bien Borges cubre actualmente el horizonte literario argentino en realidad ha logrado, *se ha logrado,* tapar la literatura argentina de modo tal que él es, aparentemente, lo único que existe y, correlativamente, lo que cubre es una inexistencia que, en lo más vocinglero, se disimula mediante actos tendientes a la glorificación, ampliamente obtenida, de Borges. Esto no quiere decir que no "haya nadie más"; quiere decir, por un lado, que mientras Borges sigue vital casi todos sus competidores languidecen; por el otro, que los nuevos escritores tienen escasas posibilidades de dar curso a su imaginación y de establecer nuevas vinculaciones de sentido, tan atendibles como podía pensarse o verificarse antes de la sistematización represiva; quiere decir, también, que muchos han desaparecido y otros están en el exilio, lo que si por un lado no garantiza una nueva eficacia, como es notorio, por el otro implica recomienzos, reconsideraciones, distanciamientos y acercamientos.

El segundo hecho es que Borges es vivido y presentado casi como una emanación de la dictadura militar, casi como el "intelectual orgánico" de la dictadura militar, como quien legitima, con el sentido que tiene, el sentido que tiene la dictadura militar. Desde luego, no es una emanación, precede esta situación; tampoco es un servidor de la dictadura, de pronto reencuentra su viejo anarquismo original, el de su padre, y discrepa; tampoco se ha preocupado por proporcionarle a la dictadura un fundamento ideológico o intelectual; tampoco, igualmente, asume un discurso político que podría ayudar a filiarlo como "partidario", "militante" o "sectario" de esa masa ideológica que designamos, para simplificar, como "dictadura". "Es presentado como" y él, muchísimas veces en estos años, ni ha rechazado esta manipulación, ni ha razonado sobre ella, ni ha puesto distancia y, más bien, ha ido puntuando mediante declaraciones, chistes o lo que sea, una suerte de "apoyo" que termina por constituir una legitimación a la cual no podríamos acusar de involuntaria.

15) Insistamos sobre esta cuestión: ¿por qué, si ciertos elementos de su obra permiten pensarlo, Borges, que también lo debe haber pensado, no ha querido todavía poner distancia respecto de la dictadura militar?* No le estoy pidiendo que encabece una oposición con un sentido semejante al que podría parecerme necesario y adecuado a mí; sólo estoy sugiriendo que no se explica que no haya renunciado al "apoyo" que indudablemente le brindó cuando algo de su obra, aunque sea el efecto que produce, podía insinuarle que esa renuncia era posible. A menos, y volvemos en círculo, que nos engañemos y que su obra, por lo que ella es y que nosotros no hemos determinado todavía, establezca un puente con la dictadura o sea una de sus prefiguraciones. No creo demasiado en ello: Borges no es, a pesar de sus opiniones, un Maurras ni un D'Annunzio; por eso nos complica, por eso no se entiende. Habrá, resignadamente, que volver a separar y, dejando la obra al costado, en su totalidad (y en la sombra algunos de sus rasgos, entre paréntesis), admitir que tiene un pensamiento político que

---

* Vale la pena insistir en que este trabajo ha sido escrito hacia 1980. Y no sólo como reconocimiento a los cambios del propio Borges sino en relación con mi propia manera de ver las cosas, acaso por ciclos cortos.

tomó desde hace años una dirección diferente a la de sus textos tanto en su conformación como en sus efectos.

Podría ser; podría ser que la dictadura de los militares le devolvió el entusiasmo infantil por las "dianas" y los heroísmos o, mejor, que le restituyó un sentimiento de seguridad cuyo monstruo podría haber sido el peronismo; todo eso importa, en la medida en que hay responsabilidades, silencios, complicidades, pero de alguna manera sigue ofreciendo puntos oscuros, a nadie se le ocurre que sea Borges un "cómplice" del aparato represivo y mucho menos un corresponsable de sus terribles resultados; en cambio, es más cierto que la irradiación creciente de su prestigio, en la medida en que no se le opone, ha podido ser utilizada por la dictadura militar.

Desde luego, hay siempre en este tipo de utilización algo de espúreamente transferencial: el gran nombre, si no me discute me avala y, por lo tanto, algo del sentido que tiene —con lo que le ha costado construirlo— pasa a ser mi propio sentido; instalada para hacer "otra cosa" del país mediante métodos y proyectos concebidos en la sombra de los cuarteles o en los despachos de los financistas, de pronto, mediante la "colaboración" o la "pasividad" de hombres como Borges, es como si los métodos y los proyectos tuvieran otro origen, otra raíz y, por lo tanto, una profundidad mayor. En la medida, claro, que un gran escritor es vivido todavía como un concentrador y un condensador de sentidos, más allá de lo que las otras estructuras de la sociedad pueden decir de mí mismo. Operación "validación" de la dictadura es al mismo tiempo una suerte para ella, como lo fue para la dictadura del 30 contar con Lugones aunque, por cierto, la vocación de ayuda de Lugones no tenía ni resquebrajaduras ni humor, ni contradicciones ni reivindicaciones contradictorias. Es una suerte como lo fue para el roquismo contar con la aquiescencia de José Hernández o para el peronismo con la buena voluntad de Leopoldo Marechal: ¿había en la obra de Marechal algo que lo precipitara en brazos del peronismo?* Al menos se admitirá que la cuestión es ardua del mismo modo que se admitirá que la dictadura saca un beneficio y casi ni siquiera ella directamente sino a través de la nube de autoconformismo que una utilización

---

* En mi olvidable artículo de 1955 sobre *Adán Buenosayres* (*Contorno* 5/6), me parecía que sí; luego, las relaciones entre el idealismo de Marechal y la "doctrina" peronista se me aparecieron más complicadas y, al menos, no sirviéndose recíprocamente.

de esta envergadura suscita. Las dictaduras, los gobiernos fuertes, buscan siempre legitimación a través de los "valores" que caracterizan una sociedad: si Fritz Lang no le hubiera dicho que no a Goebbels el nazismo lo habría capitalizado: ¿qué vio Goebbels en la obra de Lang como para invitarlo a colaborar a pesar de que era judío?

De este modo, la dictadura saca partido de la existencia de Borges; como Borges cubre un área pareciera que la dictadura puede envanecerse de su propia pretensión de cubrir otras; Borges, a su vez saca partido del partido que de él saca la dictadura: se lo ayuda a convertirse en mito, se lo sostiene con una energía nunca vista, conoce, gracias a ello, una especie de coronación que tal vez poco o nada tiene que ver con lo que ocurre —realmente o muy probablemente— en sus textos; lo cual, eso que ocurre en sus textos, debería entenderse en el sentido de un proceso antes que en el de una vocación de consagración.

Tal vez las cosas no pasen de este nivel, tal vez se pueda esperar desarrollos y análisis más amplios que disipen un enfoque como el mío, hecho de idas y vueltas, de vaivenes y de temores a reducir, a mecanizar, a empobrecer.

16) ¿Por qué, nuevamente, eso ha sido posible? Veamos las cosas por otro lado, más semióticamente, recomencemos: lo importante es, como ya —creo— lo dije, el "cómo" y no el "qué" de su escritura; a pesar de esta opinión casi todos, de manera predominante al menos, se quedan en el "qué", acaso porque todavía no es fácil pensar la "producción" y todo induce a valorar el "producto" en el cual la sustancia, su "qué", se sigue imponiendo. Si esto es así, no habrá inconveniente en reconocer que el ámbito del "qué" de Borges se presenta como restringido, lo que también lo hace para algunos fascinante, lo contrario de Balzac por un lado, la energía de una constancia, la fidelidad, finalmente, a un universo que parece tanto más consistente cuanto más reducido, el fantasma ideológico, finalmente, de la especialización, sinónimo, en nuestro mundo, de seriedad; dicho de otro modo, Borges habla siempre de las mismas cosas, de pocas cosas, lo que por otra parte crea la ilusión de "comprenderlo" en esa eliminación de un "cómo" infinitamente más perturbador por cuanto está ligado a la fantasía de "no entender", de ser desbordado.

Parece un hecho ya indiscutible que esas pocas cosas a las que siempre se refiere se valorizan y dan la impresión de multiplicarse por el "cómo" que, en esta instancia, sería la condición de una variabilidad, es decir de una novedad y una sutilización; pocas cosas pero siempre nuevas, siempre originales, no hay dos tigres iguales aunque casi siempre, en la ficción, todos los tigres son el mismo tigre, todos los poetas Homero. Empiezo a creer que esa relación entre un "qué" predominante en la incapacidad de los otros y un "cómo" que alimenta, al no ser percibido en su acción fundamental, la fantasía que proporciona el "qué", sostiene un tipo de lectura de "interpretación" muy inmediata, de "simbolismo" que necesita de traducciones; es fácil, en consecuencia, que nuestras interpretaciones, como es natural, impongan algo así como nuestros "contenidos", que cada frase sea vivida —sostenida por la compulsión cultural que nos "obliga" a atribuir toda significancia, real o posible, a cada frase de Borges— como eminentemente significativa para cada cual; Borges vendría a cumplir, de este modo, una función de depósito de lo que ponemos en él, supone —y por eso nos obligamos a darle entrada en nosotros— una fantástica confirmación del pedacito nuestro que hemos puesto en él o estamos poniendo en él. Lo extraordinario es que no haya casi rebeldía; es más, parece generalizarse que todos exaltamos a Borges de buen grado precisamente porque no podemos abandonarnos a nosotros mismos, no podemos renunciar a lo que somos en él.

¿Será esta mecánica inherente tan sólo a Borges? ¿No será éste un principio de interpretación de un fenómeno más vasto? Sea como fuere, desde esta carga de múltiples pedazos nuestros, brota la figura "importante", "invencible", "invicta", como gustaría decir él mismo; y si esta figura, en la que ponemos todo, no se retira de un "apoyo" político surge un movimiento de decepción en algunos, de traición incluso, como que la parte nuestra que lo constituye queda entregada al enemigo que clausura y atenta contra todo lo demás que nos constituye; para otros, claro, mediante el mismo mecanismo se produce una confirmación satisfactoria: un pedacito identificado, rellenante, de Borges, restituye una totalidad dictatorial. Por esta razón, tal vez, todavía izquierdas y derechas se pueden disputar a su respecto. Lo que daría una idea, al menos, de lo que significa, de lo que conmueve y de lo que compromete.

"PARADISO" ENTRE DESBORDE Y RUPTURA*

A Jacques Leenhardt

EN UN prefacio de 1943 a *Recuerdos de provincia*, de Sarmiento
—un breve texto que tiene un tono ocasional y ligeramente ausente, en los últimos momentos de la línea de *Discusión* e *Inquisiciones*— Borges observa que hay dos clases de libros, o de obras
(o de textos): algunos —primera clase—, obtienen (¿merecen?)
un reconocimiento pleno y, si la palabra no fuera chocante para
Borges, diría que global: ninguna de sus expresiones es inmu-
table, todas y cada una de sus frases podrían ser corregidas o aun
cambiadas y, sin embargo, el texto permanece entero, produce
sus efectos a partir de lo que es en su conjunto. Borges no lo dice
pero lo deja entender: hay algo de misterioso en una totalidad
constituida —no en todas—, hay algo así como un cambio en
las consecuencias de un trabajo que, sin dejar desaparecer sus
etapas —aunque pudieran modificarse las articulaciones que entran en cada una de ellas— se ejerce en otro plano, diferente
del que implica cada una de sus etapas. Lo que percibiríamos
como permanente es lo que yo llamaría "significación", directamente emanada del conjunto y libre de lo que puede ocurrir con
las partes. Otros libros —segunda clase— extraen por el contrario
su poder de sus frases; si se mete mano en ellas, el libro entero
pierde su fisonomía, acaso se desvirtúa, acaso adquiere otra; se
trata no sólo de otra cosa que se produciría sino también, al modificar, se trata de la negación de un trabajo en la alteración de
su resultado. Para resumir, podríamos decir (nosotros) que unos
existen al mismo tiempo en su proceso y en su totalidad, los otros
en su producto y en sus partes. Casi demás está acotar que esta
distinción es, para el propio Borges, menos trivial de lo que parece,
quizás haya que buscar en ella su propio y conocido impulso a
corregir, que parece ya un rasgo de su persona de autor.

* Este trabajo fue presentado en "Décades de Cérisy", en julio de 1978,
dedicadas a la Literatura Latinoamericana e incluido, en su primera
versión, en el volumen *Littérature latinoaméricaine d'aujourd'hui*, París,
10/18, 1980. La redacción en castellano, ésta, fue publicada en *Texto
crítico*, núm. 13, Xalapa, 1979.

Como casi todas las opiniones literarias de Borges —no nos vamos a referir aquí a las otras, políticas o interpretativo-sociales— ésta tiene un aspecto seductor: si no es totalmente iluminadora al menos tiene un alcance clasificatorio tal que ayuda a pensar sin exigir un sometimiento a un esquema excesivamente duro; por nuestra parte, nos lanzamos rápidamente por ese reconocimiento y, respondiendo a la incitación, tratamos de instalar todo lo que conocemos, o todo lo que tiene algún interés para nosotros, en una u otra de esas dos categorías. Desde luego que no es mi propósito refutar ni aceptar ese dualismo, que tal vez tenga algo de primitivo, como si fuera a constituir el núcleo metodológico del trabajo que estoy iniciando. Al aceptarlo sólo como un esquema, admito un comienzo de razonamiento que me permite generalizar la impresión que he tenido siempre respecto de *Paradiso,* texto aparentemente inclasificable, y que me permitirá, a mi vez y siguiendo mis propias determinaciones esquematizadoras, hacer una exploración en otra dirección. En ese sentido, diría que la complejidad que ante todo caracteriza este texto, que la pluralidad de planos que su lectura promete y aun que la dificultad de hablar de él con comodidad —sistema de balbuceos que acompaña todo comienzo de comentario— proceden del hecho de que *Paradiso* es, como texto, simultáneamente una totalidad y cada una de sus frases: se presenta ante nuestros ojos como un conjunto bastante bien articulado, regularizado, y también como un mosaico de fragmentos cuyos trozos son, si no intocables en su aspecto de frases, al menos formaciones discursivas completas que *significan* y cuya significación perceptible vale lo que otras, en un mismo nivel, y acaso en el nivel de la totalidad.

Establecida esta situación de *Paradiso* "entre" dos líneas y actuando "en" las dos, voy a detenerme en el primer aspecto; quisiera decir, para disipar un probable equívoco, que no es que el conjunto sea perfecto, en un sentido más o menos técnico de novela; tampoco quiero aludir, al hablar de conjunto regularizado, a una presunta redondez novelesca, como la que se podría exigir —porque se la exigen a sí mismas— a las ficciones que siguen perfectamente ciertas reglas indispensables para producir un buen o un conocido efecto o delatar detrás de su uso a un profesional: simplemente, se trata de que la totalidad que está frente a nosotros produce, aunque no pueda ser definida como tal, una significación que brota sin dificultad y que favorece no probables correcciones o cambios frásticos sino, al contrario y por lo menos, el olvido de las frases; tal vez se trata, tan sólo, de que admitimos una imagen integral, aunque no podamos decir si es traducible a otras imágenes en el supuesto de que, para entender, necesitemos hacer esas traducciones.

Estamos, en consecuencia, en un cruce de líneas que constituye, ante todo, una red inicial de comprensión, no un juicio de valor; si, en cambio, la tomáramos así, acaso no reduciríamos el papel que este texto puede desempeñar en la circulación social, pero sí las posibilidades de nuestro trabajo. El texto, entonces, se nos aparece como una totalidad y una multiplicidad simultáneamente; dejaremos el primer aspecto de lado —que implica una lectura para la cual carezco de sistema[1]— y nos internaremos en el segundo, que comporta una aceptación de lo fragmentario para lo cual sí contamos, tal vez, con instrumentos de análisis.

Pero hay todavía otra observación necesaria: quizás ese cruce de las dos líneas no es solamente un esquema que podemos aplicar al texto para empezar a reconocerlo sino también un rasgo del texto mismo. Sin pretender definir un *ser* del texto, y aceptándolo sólo como un objeto constituido, uno de sus rasgos más fácilmente perceptibles nos propondría el problema —que al mismo tiempo sería punto de partida para entrar en él— de la relación entre las categorías del trabajo crítico que vamos a hacer operar —y que según nosotros residen en el texto— y el proceso constitutivo de ese objeto, con su propia identidad. Ese rasgo es el efecto de torrente verbal, que lo recorre de cabo a largo; mi hipótesis es que totalidad y multiplicidad han de ser las dos líneas que al cruzarse, en una tensión y exigencia recíprocas, originan dicho efecto, juego cuya única resolución posible es algo incontenible, inmedible, algo que no careciendo de estructura se manifiesta igualmente por lo que se sale de ella, por los flecos respecto de una columna central. Eso, por un lado; pero no es lo único: además de lo palabrístico —frases que se alteran y se espiralan, se escapan y se reconcentran— el cruce determina igualmente otras instancias de ilimitación o de desbordamiento, como por ejemplo las situaciones

---

[1] ¿Es concebible un sistema que se haga cargo de una totalidad? ¿Qué es esta totalidad? No es la estructura desde luego, ni la mera materia lingüística, sino una multiplicidad de instancias hasta cierto punto inclasificables, aunque se puedan esbozar algunas de sus funciones; es una articulación, desde luego, que se hace socialmente reconocer en su peculiaridad discursiva, lo que no permite, por ello, que se la trabaje como el todo en el que se encarna.

novelescas, atravesadas cada una por una serie de actos verbales
que tienden a representar un discurso racionalista (o racionali-
zante) y, al mismo tiempo, la ruptura de dicha representación;
dicho en particular, cada situación contendría representaciones de
una temporalidad que crearían las bases para lograr una especie
de historia de familia y, al mismo tiempo, gestos que, por medio de
un presente representado como celularización, fragmentos de fragmentos, tienden a romperla.[2] Se podría decir, en ese sentido y
siguiendo el camino que nos abre este ejemplo, que este texto
no tiene continente, palabra de metáfora descriptiva que nos dirige, en un desdoblamiento posible, hacia la metaforización que
se puede percibir de inmediato en el campo del discurso mismo,
que tal vez lo alimente. Pero la palabra "continente" se presta a
equívocos de raíz ideológica; lo que quiero hacer notar, precisan-
do mi aproximación, es que no se trata de un contenido que,
predominando, se desbordaría, sino de una forma que aparece de
este modo discutida aunque no abandonada por ello, que se discute a sí misma mientras se va concretando, que se niega en un
doble nivel, por un lado el del paradigma novelesco, por el otro
el de la posibilidad de prescindir de él.

El resultado de esta reflexión nos lleva a precisar —o a inten-
tarlo— la "forma" de que se está tratando y, complementariamente, a ingresar en un terreno polémico, de ciertos temas actualmente en discusión; por ejemplo, ¿se trata de una novela? ¿es
necesario definir este texto como una novela? Yo no experimento
la necesidad de intervenir en la polémica en este punto y, al contrario, puedo pasar por alto las preguntas puesto que, desde una
perspectiva textual, el problema de los géneros, de sus reglas y
de la obediencia que se les debe, lo mismo que la cuestión de las
transgresiones, fructuosas o frustrantes, que se pueden observar,
o su utilidad, no me parece el problema principal de la escritura
sino simplemente un punto de partida para tratar de comprender
o de captar esa "forma" que un texto puede darse en su proceso.[3]

[2] En *Le livre a venir,* cit. por T. Todorov, *Les genres du discours,*
París, Seuil, 1978, Maurice Blanchot elabora esta dialéctica de refutación-
aceptación-transgresión del género narrativo: "Si es cierto que Joyce rompe
la forma novelesca haciéndola aberrante, también hace presentir que dicha
forma sólo vive, quizás, de sus alteraciones. Se desarrollaría, no engendrando monstruos, obras informes, sin ley ni rigor, sino provocando única-
mente excepciones a sí misma, que hacen la ley y al mismo tiempo la
suprimen". . .
[3] Ver T. Todorov, *Les genres du discours,* París, Seuil, 1978: "Le choix

Entre "discusión" y "aceptación", la novela —no sólo ésta— puede ser entendida, de una manera muy general, por cierto, como un acuerdo, armónico o bien regulado, entre un concepto de continuidad y un concepto de corte, términos que sinonimizan tal vez los precedentes, discusión como amenaza de negativa, y aceptación como ratificación de seguridad. Este acuerdo asegura, a su vez, otra continuidad, de tipo externo y social, la de la lectura o, lo que es lo mismo, la del reconocimiento de un discurso como perteneciente a un modo específico, lo novelesco, en la medida, desde luego, en que el acuerdo es respetado aunque haya modalidades del acuerdo o variantes que pueden ser apreciadas en función de la acción de sistemas diversos de exigencias o de determinaciones. Pero, para volver a esos dos conceptos estructurales y estructurantes, podemos adelantar que la continuidad que nos parece la "condición" de la novela no es la segunda, la de la lectura, sino la que asume su cualidad de desarrollo, de desenvolvimiento; a su vez, los cortes son necesarios pero, por así decir, técnicos, un poco como en la respiración, aseguran la continuidad y alimentan su ritmo, se la otorgan.

En lo que concierne a *Paradiso,* lo menos que se puede decir es que lo exterior de la continuidad, o sea el desarrollo, importa realmente poco, se trata sólo muy tenuemente de un tiempo o de una época o de un sistema de conflictos que buscan su maduración y su resolución: ni la representación del tiempo ni la de un tema parece lo fundamental; la familia, por ejemplo —con todo lo que esta imagen comporta de evolutivo en tanto es un organismo en desarrollo— es sólo un telón de fondo sobre el que se destaca un discurso incesante que la envuelve y la hace desaparecer; discurso que reclama un origen y, por lo tanto, una especificidad que predominan en la medida en que, al no representar hablas peculiares, borra "caracteres" y en consecuencia ataca viejas compulsiones de verosimilitud; la familia, entonces, no aparece como una estructura novelesca en la que podría refugiarse o encarnarse la continuidad propia de esta novela. Lo que no quiere decir que la continuidad, como lo hemos visto, no exista; tal vez se encarne en otra cosa, no en un tópico, como el de la familia, que aspiraría a representarla a cabalidad. Aventuramos una posibilidad: tal vez se trate de una idea, de un pensamiento no tan

opéré par une société parmi toutes les codifications possibles du discours détermine ce qu'on appellera son *système de genres*", p. 23.

secreto que el propio Lezama Lima enuncia en su texto y en otros textos y que, así tendida desde antes y en el texto, hablaría de una continuidad más compleja, envolvente diría: esa idea sería la órfica del viaje a través del conocimiento por medio de la poesía, presencia que ha sido destacada recientemente con todo rigor.[4] Poder de la poesía, como complejo discursivo, de producirse a sí mismo —continuar— por medio de la imagen y la metáfora. Si esto es así, si esta continuidad existe, es en cierto modo abstracta; puede convocar al texto pero si es, como la vemos, subterránea y esencial, no puede ser pensada sino en un predominio absoluto, lo que implica, en consecuencia, que los cortes son descartados hasta el punto en que se rompe el acuerdo, hay un desequilibrio después del cual lo novelesco del "acuerdo" bien establecido deja paso a otra forma. En suma, deberíamos dejar de hablar de novela y leer este texto desde otra red, desde otra perspectiva.

El viaje órfico es sin embargo metafórico y el conocimiento producido es virtual; por de pronto no hay un solo ámbito en el que pueda recogerse sino un conjunto de situaciones que se encadenan o se vinculan en torno a ejes cambiantes; además, metafóricamente también, no hay un solo Dante ni un solo Ulises. Precisamente, esta variante sobre el esquema órfico permite el tránsito a un tipo de análisis que puede ser más propio de nuestra propia concepción crítica y engendrar nuestra metodología. En ese sentido, las series de desplazamientos de situaciones, cuyo valor por eso se relativiza, así como ese otro tipo de desplazamiento implicado en la interferencia de un discurso no tradicionalmente novelístico —poesía— en la relación novelesca, generan respecto de las reglas novelescas una desobediencia que está, en mi opinión, en la fuente del efecto bien visible, por lo menos, de proliferación de tipos de discurso y de proliferación situacional, para seguir en las dos vías iniciadas. Dejemos, porque lo retomaremos más tarde, la primera y, respecto de la segunda, digamos que es como si cada situación —como núcleo dramático o como conjunto de elementos articulados— o cada instancia, hubiera logrado una especie de libertad no controlada para reproducirse; en ese senti-

[4] *Cf*. Justo Ulloa: "De involución a evolución: la transformación órfica de Cemí en *Paradiso*, de Lezama Lima", en *The Analysis of Hispunic Texts: Currents Trends in Methodology*, Second York College Colloquium, Nueva York, Bilingual Press, 1976.

do, y metaforizando igualmente, se podría decir que estamos ante un tejido canceroso, o sea una afiebrada construcción celular que desborda incluso la idea de fragmentación que inicialmente nos había servido para empezar a reconocer el texto y que conserva sin duda una cierta connotación de tipo estético en la medida en que existe una línea histórica que afirma buscar ciertos efectos fragmentado, desde Heráclito a Nietzsche. Estamos hablando de otra cosa: proliferación, cáncer, anomia que permanece en un cuerpo y lo conforma al mismo tiempo que lo deforma y que, cambiándolo de naturaleza, concluye con él un pacto de no violencia que se convierte, en definitiva, en tensión textual, la propia de la forma de este texto. En la medida en que podamos captarla, esta tensión es la puerta de entrada en el texto y la posibilidad de entenderlo como texto de ruptura sin dejar de percibir, no obstante, que existe en él una forma.

Tal vez podamos esquematizar la "novela" con una figura como la que sigue, en la que las verticales indican los cortes y las horizontales la continuidad; se advierte, igualmente que los cuadros que resultan encierran algo que representaremos con círculos seguramente engendrados por los cuadros o bien llenándolos; estos círculos vendrían a ser los núcleos narrados, lo que técnicamente podríamos designar como "narranda":

Si este esquema es válido para la novela en general, el texto de Lezama Lima, incluyendo la noción de proliferación que hemos tratado de hacer entrar en el razonamiento, podría ser figurado de este modo:

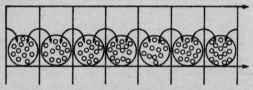

Hemos procurado que se vea que las células están separadas una de las otras por medio de una multiplicidad de cortes unidos esta vez por una horizontal superior, posición mediante la cual queremos indicar el carácter abstracto de la continuidad.

Todo esto concierne a los tanteos que necesito hacer indispensablemente para progresar en el ingreso en un texto; y la forma de tantear se dirige a la creación de condiciones favorables, como si en el texto hubiera puntos blandos cuyo hallazgo permitiría cambiar de plano, convincentemente o, lo que es lo mismo, dejar atrás los planos más superficiales para vislumbrar, a través de ellos, otros más candentes, más interesantes. Así, teniendo enfrente el esquema que yo mismo dibujé, puedo afirmar que existe en el texto un trozo que parece asumir explícitamente, por medio de una fructuosa analogía, esta concepción de la celularización proliferante y cancerosa, a punto tal que se abre la posibilidad de extraer nuevas conclusiones en otros niveles. Por de pronto, otra aproximación vinculada con la imagen cancerosa: ocasionalmente David Viñas habló de este rasgo de *Paradiso,* tal vez desde otro punto de vista;[5] lo advirtió en el nivel de las frases y, si no me equivoco, puso un énfasis condenatorio en la palabra "canceroso" que designaba, ciertamente —y lo hizo por primera vez—, algo que se puede ver en el texto, algo que, en mi opinión, lo caracteriza. ¿Tal vez caracteriza toda escritura dotada de automatismo, toda acción no excesivamente dirigida e inintencionada, cómoda en la polisemia universal? Es posible: reflexiones similares tuve ocasión de hacer a propósito de un texto de Julieta Campos (otra cubana), *Tiene los cabellos rojizos y se llama Sabina,*[6] cuya armatura descansa (pude de alguna manera mostrarlo) sobre un principio proliferante que trae a la actualidad la sugerencia del cáncer como algo que vincula un movimiento excesivo, un desbordamiento, con una aparición en la superficie, fuera de un orden regulado pero conservando cierto orden, equilibrio-desequilibrio del discurso y, por cierto, acción de la escritura.

¿Por qué la evocación en este instante de dos situaciones complementarias? Por un lado, la coincidencia personal, siempre estimulante, por el otro el valor de sedimento que tienen observaciones hechas por otros, aunque vayan en otra dirección, que perduran en el pensamiento y se actualizan cuando un trabajo o una investigación se pone en movimiento. En este sentido, del mismo modo que se habla de intertextualidad cuando se trata de lo que en el interior de un texto lo liga a otros, se podría acaso hablar de una

[5] En una plática radiofónica, a comienzos de 1975, por Radio Universidad Autónoma de México. Sin fecha exacta.

[6] En una conferencia dictada en la Alianza Francesa de San Ángel, México, el 31 de marzo de 1977.

"interlegibilidad", es decir de una presencia en nuestras posibilidades de lectura de lecturas hechas por otros, restos diurnos —por hablar psicoanalíticamente— que integran nuestra búsqueda y acaso le van dando forma. Me he permitido glosar esta relación no sólo para apoyar explícitamente el desarrollo de este trabajo sino porque otros restos "críticos" semejantes serán invocados más adelante con el fin de articular mejor algunos puntos específicos de mi aproximación a este texto.

Veamos en particular el fragmento al que me he referido líneas arriba. Está extraído de la página 343 de la edición de Era. Lo transcribo:

Dentro de la vasija transparente, como una olla de cristal, se encontraba el fibroma del tamaño de un jamón grande. En las partes de la vasija donde se apoyaba, el tejido se amorataba por la más pronta detención de la sangre. El resto del fibroma mostraba todavía tejidos bermejos, debilitados hasta el rosa o crecidos a un rojo de horno. Algunas estrías azules se distinguían del resto de aquella sobrante carnación, cobrando como una cabrilleante coloración de arcoiris rodeado de nubes todavía presagiosas. Los tejidos por donde había resbalado el bisturí, lucían más abrillantados, como si hubiesen sido acariciados por el acero en su más elaborada fineza de penetración. En su fragmento visible semejaba una península recortada de un mapa, con sus huellas eruptivas, los extraños recorridos de la lava, sus arrogancias orográficas y sus treguas de deslizamiento hidrográfico. Aquellas insensibles fibras parecían, dentro de la vasija de cristal, un dragón atravesado por una lanza, por un rayo de luz, por una hebra de energía capaz de destruir esas minas de cartón y de carbón, extendiéndose por sus galerías como una mano que se va abriendo hasta dejar inscripciones indescifrables en paredones oscilantes, como si su base estuviese aconsejada por los avances y retrocesos de las aguas de penetración coralina, somnolientas, que llegan hasta montes estallantes del apisonado de la noche húmeda y metálica. El fibroma parecía todavía un coral vivaz en su arborescencia subterránea. Las fibras que mostraban su sonroso hacían pensar en la esclerosis aórtica, cómo aquellas células se habían ido endureciendo y esclerosando por un trabajo que las dañaba al estar destinado al enriquecimiento de las células sobrantes, monstruosas, pero necesitadas también del riego que evitaría la putrefacción de aquella monstruosidad derivada. De la misma manera la hipertrofia ventricular izquierda se había formado por el excesivo trabajo para satisfacer la demanda sanguínea del crecimiento progresivo de la adherencia. Aquellas diez y siete libras de fibras inservibles le habían hecho al organismo una de-

manda perentoria como si se tratara de un sustitutivo logrado por
el mismo cuerpo para restablecer un equilibrio tan necesario como
fatal. En la satisfacción de aquella excrecencia, el organismo había
tenido que destruir el desarrollo normal, la simple elasticidad vital,
de las más importantes vísceras. Deshecha la elasticidad aórtica
y agrandando hasta el exceso el ventrículo izquierdo, el organismo
lograba emparejarse con el monstruo que lo habitaba. Para conseguir una normalidad sustitutiva, había sido necesario crear nuevas
anormalidades, con las que el monstruo adherente lograba su normalidad anormal y una salud que se mantenía a base de su propia
destrucción. De la misma manera, en los cuerpos que logra la imaginación, hay que destruir el elemento serpiente para dar paso al
elemento dragón, un organismo que está hecho para devorarse
en el círculo, tiene que destruirse para que irrumpa una nueva
bestia, surgiendo del lago sulfúrico, pidiéndole prestadas sus garras
a los grandes vultúridos y su cráneo al can tricéfalo que cuida las
moradas subterráneas.

Como se puede advertir por la simple lectura, la analogía produce una concentración confirmatoria de la hipótesis a la que se
la hace servir y, al mismo tiempo, va más allá, a un lugar inesperado. Por de pronto se puede pensar que el texto se comenta a
sí mismo y que la analogía desempeña, de alguna manera, el papel
de un figurado, pero oportuno, espejo en el cual podemos verlo de
manera fugaz, como una estela o una marca dejada al pasar frente a nuestra mirada representativa, o sea acostumbrada a definirlo
no por su acción propia sino siempre por otra cosa. Se podría
decir, quizás, que el escritor "ilustra", por medio de una especie de guiño, su idea de la literatura. Prefiero plantear la
cuestión de otro modo, más en consonancia con sugerencias
formuladas en diversos trabajos durante estos últimos años: se
produciría en ese fragmento una "tematización" textual, en el sentido de que lo que sostiene esta escritura sufre una transformación, un cambio de materia, gracias a la cual aparece de manera
formulada y codificada, por lo tanto transmisible y transmitido en
un circuito ahora directo, pero antes, en el fragmento, enunciado
metadiscursivamente por medio de una enunciación y un enunciado que tiene el aspecto de implicar un autoconocimiento.

¿Cuál sería la índole de esta tematización? Y bien, a partir de
lo que el fragmento tematiza, el texto estaría concebido como
"excrecencia" en relación con un código considerado como "normal", o sea pólipo o cáncer o, como efectivamente se dice, fi-

broma. Desde luego que esta idea se reúne, en un campo bastante bien constituido, con otras anteriormente defendidas en relación sobre todo con el problema de la especificidad del lenguaje poético: no deja de ser corriente considerarlo como anomalía respecto de la gramática;[7] sin ir más allá del establecimiento de un parentesco entre ambas consideraciones, quisiera más bien entender que el texto, en tanto excrecencia, sería una encarnación —en el doble sentido de la palabra— no controlada que devora todas las fuerzas que en otros casos son objeto de una organización regulada, todos los elementos que intervienen —la intertextualidad entre otros elementos genotextuales— y que, sin embargo, establece una convivencia entre su carácter monstruoso y las reglas, por así decir, de ese código, acaso sin prever las consecuencias que de ese matrimonio surgen pero asumiéndolas como perspectiva de trabajo y de desarrollo. Si en este texto hay, por lo tanto, continuidad, la continuidad está en la producción proliferante, en lo no controlado.

Pero el hecho de hablar de tejido celular o canceroso, de monstruosidad inclusive, podría sugerir un clima patologizante, aunque sea metafórico, que establecería algunos vínculos con cierta ideología del escritor, como marginal, como enfermo, como a su vez excrecencia social, en la línea representada tal vez por un Lautréamont o aceptada por el Rubén Darío de *Los raros*. Para neutralizar esta interpretación posible, invocaremos un trabajo de Irlemar Ciampi Costa, presentado oralmente en una de las sesiones del XVIII Congreso del Instituto Internacional de Literatura Iberoamericana, a fines de marzo de 1977, en Gainesville; en él, Ciampi juega con las imágenes fálicas, de desmesura, en *Paradiso*, con la finalidad de provocar o de dar forma a la idea de que existe una especie de autorreconocimiento del texto. Una vez más la interlegibilidad como sostén del trabajo crítico. Al estudiar el cap. VIII

... con una cara tristona y ojerosa, pero dotado de una enorme verga. Era el encargado de vigilar el desfile de los menores por el servicio, en cuyo tiempo de duración un demonio priápico se posesionaba de él furiosamente, pues mientras duraba tal ceremonia desfilante, bailaba, alzaba los brazos como para pulsar aéreas castañuelas, manteniendo siempre toda la verga fuera de la bragueta.

[7] Jean-Louis Houdebine, "Première approche de la notion de texte" en *Théorie d'ensemble*, París, Seuil, 1968.

Se la enroscaba por los dedos, por el antebrazo, hacía como si le pegase, la regañaba, o la mimaba como a un niño tragón. La parte comprendida entre el balano y el glande era en extremo dimenticable, diríamos cometiendo un disculpable italianismo. Esta improvisada falaroscopía o ceremonia fálica era contemplada[...] El órgano sexual de Farraluque reproducía en pequeño su leptosomía corporal. Su glande incluso se parecía a su rostro. La extensión del frenillo se asemejaba a su nariz, la prolongación abultada de la cúpula de la membranilla a su frente abombada. En las clases de bachillerato, la potencia fálica del guajiro Leregas, reinaba como la vara de Aarón[...] breve como un dedal al principio, pero después como impulsada por un viento titánico, cobraba la longura de un antebrazo de trabajador manual[...] En sus aventuras sexuales, su falo no parecía penetrar sino abrazar el otro cuerpo[...] Con total desenvoltura e indiferencia acumulada, Leregas extraía su falo y sus testículos, adquiriendo, como un remolino que se trueca en columna, de un solo ímpetu el reto de un tamaño excepcional[...] Un adolescente con un atributo germinativo tan tronitonante, tenía que tener un destino espantoso, según el dictado de la pitia délfica[...] El dolmen fálico de Leregas aquella mañana imantó con más decisión[...] El recuerdo dejado por su boca en exceso húmeda, recordaba cómo el falo de los gigantes en el Egipto del paleolítico, o los gigantes engendrados por los ángeles y las hijas de los hombres, no era de un tamaño correspondiente a su gigantismo, sino, por el contrario, un agujero, tal como Miguel Angel pintaba el sexo en la creación de los mundos, donde el glande retrotraído esbozaba su cimborrio.

Advierte que la energía descriptiva —que por otra parte constituye una condición de lo novelesco tradicional—, definida por una profusión de detalles y una riqueza de imágenes, sufre un proceso de concentración temática que tiene como polo de atracción el falo: lugar de encuentro y de fertilidad simbólica, se convierte asimismo en un lugar de fertilidad discursiva pues de su función concentradora irradia descripción que, a su vez, al llevarse a cabo, favorece una transformación del papel que desempeña la descripción misma como mecanismo. Irlemar Ciampi relaciona la desmesura en la descripción con el barroco, efecto o ámbito al que define como esencialmente proliferante. De hecho, y para no alejarnos de su trabajo, lo proliferante es el falo, y si no se pudiera, por razones de prudencia, hablar trivialmente del barroco como basado en algo fálico, se puede al menos decir que de ambos lados la idea de una proliferación, esta vez generadora, se hace presente ante nuestra consideración. Reflexionando sobre estas observaciones, me pareció que tenían alguna concomitancia con puntos que yo mismo, en trabajos anteriores, creí reconocer en textos de García Márquez; pude señalar, a propósito, que el torrente verbal en *Cien años de soledad* era de naturaleza proliferante, rasgo cuya significación, desde el punto de vista de la escritura, podía —o podría— ser captada mediante una imagen de castración mítica que da lugar, como lo explica Jean Pierre Faye, a una especie de dispersión o aspersión inseminativa, fuente a su vez de una potencia productiva que canaliza un discurso y lo caracteriza, lo lleva a ser envés y revés, proceso y producto al mismo tiempo, escritura y tematización y, aun, origen, proceso y fenotexto simultáneamente.[8] Pero, si se mira de cerca la construcción que acabamos de proponer podríamos observar que, en el mejor de los casos, nos acerca a una suerte de reconocimiento que el texto hace de sí mismo, no todavía a un reconocimiento del texto considerado como aparato orgánico, como lo que se ofrece a una mirada. Por más sugerente que sea esa especie de declaración que el texto se hace a sí mismo, no es más que un aspecto suyo lo que nos ofrece, ofrecimiento importante puesto que constituye una apertura por donde el texto permite que se entre en él o, más precisamente, al legitimar su forma de autorreconocerse abrimos el texto para entrar en él y para, dejando de lado las inciertas definiciones sobre su índole, comprender un poco mejor algunas propuestas que nos hace, aparte de la que se dirige a sí mismo.

De este modo, retomando el fragmento que he reproducido, y procediendo como supongo que lo hace el texto mismo —o sea por mecanismos de asociación— propongo que se observe otra cosa, algo que está allí y que podría desaparecer si no pusiéramos sobre ello la mirada. Pero antes de llevar a cabo la mirada, es necesario un paréntesis para hacer una justificación de la elección del fragmento e incluso enunciar una teoría global del ejemplo, problema siempre perturbador, sujeto a toda clase de manipulaciones en lo concreto de su práctica; en ese sentido, me siento

---

[8] Noé Jitrik, "La escritura y la muerte", en Gabriel García Márquez. *El coronel no tiene quien le escriba*, Buenos Aires, Librería del Colegio, 1975; también en *La memoria compartida*, México, Editorial Veracruzana, 1982. Véase, además, Jean-Pierre Faye, "Théoric du récit I", en *Change*, núm. 5, París.

protegido por la sombra augusta de Erich Auerbach quien me autoriza a prescindir de explicaciones puesto que ha podido fundar una metodología muy rica a partir de la relación que se puede establecer entre un texto entero y un momento de su concentración; si dicho momento —un trozo textual— es ejemplar, su cualidad pasará por la prueba de su riqueza, por la prueba de la luz que traiga sobre el texto entero; Auerbach reduce de este modo el margen de arbitrariedad y si procede de acuerdo con una intuición del "momento" que convierte en "ejemplo" debemos acordarle la felicidad de los resultados de su trabajo y suponer, en consecuencia, que hay allí un modelo posible y fecundo, abierto.[9]

Cerrado el paréntesis y vueltos al primer fragmento en cuestión, observamos —desde una conciencia discursiva según la cual, por lo menos, existen discursos diferenciados— que se produce una especie de interferencia de dos lenguajes; por un lado, hay evidentemente un lenguaje médico o de la medicina tal como lo conocemos —aun sin llegar a definirlo como un "discurso" perfectamente especificado en su singularidad— que constituye una especie de reja cuyos elementos son la situación referida de enfermedad, y cierta terminología perfectamente reconocible; por el otro, se advierte un lenguaje convencionalmente poético —tendencia a las metáforas, palabras bellas, articulación espiralada de las frases— que deforma al otro tanto porque no le concede la primacía de un desarrollo que le fuera propio —lineabilidad, precisión, estructuración con una finalidad epistemológica que caracterizaría el campo del que el discurso sería vehículo y toma de conciencia y, en consecuencia, lo reduce a su función de "reja"— como porque le quita un elemento de convicción que estaría en el papel que se le reconoce. Sea como fuere, hay un efecto emergente de ese contacto y ese efecto es caricatural lo cual, si lo consideramos, nos remite por lo menos a dos campos paradigmáticos que sin duda teníamos presentes en la primera aproximación de lectura y cuya mención reprimimos para no caer en el deductivismo que facilita la existencia de la historia literaria.

El primero de esos campos —y vale la pena iniciar su mención en un punto y aparte— es el del barroco tal como lo conocemos, el barroco propiamente dicho, histórico, tal como lo hemos podido entender a través de las estructuras que nos propone Wölf-

9 Erich Auerbach, *Mímesis*, México, FCE, 1949.

flin en su trabajo ya clásico y siempre memorable.[10] De aquí brota una primera consecuencia polémica: el barroco no sería necesariamente una forma del "ser" latinoamericano, de lo cual nos quieren convencer varios intentos dialécticos que caen en un esencialismo que, no por ser abundantemente adjetivado y reivindicativo de una diferencia en nuestro favor, deja de situarse en un terreno filosóficamente sin salida y políticamente manipulado para justificar un "orden" legítimo; por el contrario, el barroco sería el resultado de un procedimiento cuyo ingrediente mínimo sería la mezcla de códigos y, como resultado, estaría basado en la acción deformante de un lenguaje —en la ocasión el lenguaje poético— sobre uno o varios lenguajes bien especificados y reconocibles. Cuestión que se insinúa de alguna trascendencia y cuyo desarrollo será mi objeto algo más adelante.

Antes de emprenderlo, quisiera internarme en el otro campo anunciado que es, en mi opinión, un campo de ruptura o, por lo menos, de enfrentamiento con estructuras literarias muy arraigadas en el continente, vividas por muchos como una suerte de necesidad "natural" de la "expresión" latinoamericana; se trata de lo siguiente: al caricaturizar mediante la deformación que se instaura sobre el lenguaje médico, el texto produce no solamente una reducción del alcance social del lenguaje médico —efecto de escepticismo, de empobrecimiento axiológico— en un aspecto de su campo connotativo, sino también un ataque indirecto, pero radical, a lo que el lenguaje médico —cf. Claude Bernard— ha producido históricamente en la literatura, o sea al naturalismo, filosofía literaria que ha logrado una soberana situación de "ética escrituraria" y, como tal, parece haberse entronizado y aun arraigado en la competencia latinoamericana; este arraigo, precisamente, en la medida en que es vivido como lo que *corresponde* al deseo latinoamericano en su paso a la textualidad, es la prueba o al menos la evidencia de una ideologización, por lo generalizado e indiscutible y compulsivo, a la que la caricatura provoca, o denuncia, o intenta en rigor destruir.

Me parece que éste es un esquema primero del que se podría sacar gran provecho desde el punto de vista de un ingreso en la masa textual o, para más precisión, en el texto como volumen que se presenta inicialmente como poco penetrable. Siguiéndolo y

---

[10] H. Wölfflin, *Conceptos fundamentales de la historia del arte*, Madrid, Espasa-Calpe, 1952.

generalizándolo podríamos encontrar, quizás, otros momentos de interferencia de códigos en los que el lenguaje poético, muy probablemente, es el encargado de provocar el ya considerado efecto deformante; a la vez, podríamos sostener que el encadenamiento, o la mera sucesión, o la simple convivencia, de tales momentos no sólo recorre el discurso sino que lo alimenta o lo tensa o tal vez incluso da razón de su producción. Para que esta hipótesis no quede en el mero anuncio, creo que uno de esos momentos muy notorios es el que afecta al lenguaje de la gastronomía tal como podemos observarlo en el capítulo XIV (pp. 449-450), en el I de la edición que empleamos (pp. 17-18-19) y en otros lugares:

Reclamó su primer turno al picadillo rellollante, con su cauda repasada por la cuenca del Mediterráneo: olivas para el buho griego y las pasas del medio oriente, con las alcaparras que desaparecen en el conjunto, sin rendir el sabor tonal en las primeras capillas gustativas. Exclamó: *faisán rendido en Praga.* Una transmutación imaginativa para saltar lo vulgar, si pone en el sitio del picadillo de res, pensó alegre la madre, la gentileza coloreada del faisán, nos gana con el primor de la excepción que compara, retrocediendo la abuchada cara de la realidad cortada por el bandazo de una puerta. —¿Si es una res picadita —le dijo la hermana—, por qué le llamas faisán?— Además, ¿quién mezclaría en las exigencias clásicas del grupo, un despedazado alón de faisán con pasas, que no puede reemplazar al borgoña deslizándose como el Ródano por el tejido cadmeo de la mandarina? (pp. 449-450). Con la vainilla se demoraba aún más, no la abría directamente en el frasco, sino la dejaba gotear en su pañuelo, y después por ciclos irreversibles de tiempo que ella medía, iba oliendo de nuevo, hasta que los envíos de aquella esencia mareante se fueran extinguiendo, y era entonces cuando dictaminaba sobre si era una esencia sabia, que podía participar en la mezcla de un dulce de su elaboración, o tiraba el frasquito... —Prepara las planchas para quemar el merengue, que ya falta poco para pintarle bigotes al Mont Blanc—[...] no vayan a batir los huevos mezclados con la leche, sino aparte, hay que unirlos los dos batidos por separado, para que crezcan cada uno por su parte, y después unir eso que de los dos ha crecido... habiendo aprendido mi arte con el altivo chino Luis Leng, que al conocimiento de la cocina milenaria, unía el señorío de la *confiture,* donde se refugiaba su pereza en la Embajada de Cuba en París, y después había servido en North Carolina, mucho pastel y pechuga de pavipollo, y a esa tradición añado yo... la arrogancia de la cocina española y la voluptuosidad y las sorpresas de la cubana, que parece española pero que se rebela en 1868...

—¿Cómo hace usted el disparate de echarle camarones chinos y frescos a ese plato?— Izquierdo, hipando y estirando sus narices como un trombón de vara, le contestó: —Señora, el camarón chino es para espesar el sabor de la salsa, mientras que el fresco es como las bolas de plátano, o los muslos de pollo que en algunas casas también le echan al quimbombó, que así le van dando cierto sabor de ajiaco exótico. —Tanta refistolería —dijo la señora Rialta— no le viene bien a algunos platos criollos. (pp. 16, 17 y 18).

No voy a señalar todas las situaciones textuales que ofrecería esta vía de internación en el texto; afirmo que se podrían hallar fácilmente en lo que concierne al lenguaje gastronómico pero también en relación con otros lenguajes; en el conjunto de las interferencias de lenguajes que se pueden discernir hay una situación que estimo particularmente significativa, aquella en la que el lenguaje poético interfiere consigo mismo produciendo un efecto de parodia que ha sido observado por Emir Rodríguez Monegal en una sesión especial del ya mencionado Coloquio sobre el Modernismo celebrado en Gainesville. El pasaje se encuentra en la página 136 de la edición que manejamos:

Usted comprenderá, son órdenes superiores, decían con tosco ensañamiento, mientras la pulpa de los anones les enseñaba sonriente la leche de la bondad humana, no sé por qué me recordaba de esos versos de Shakespeare, y el relámpago de las granadas, me recordaba también el verso de Mallarmé, *murmura sus abejas.* Raspados, ceñidos por la piel de la cebra, intercambiaban cigarros con sus escoltas, dudo que la fuerza persuasiva de los secretos de Shakespeare o Mallarmé hubieran impedido que esos *canailles* invadieran el panal marino de los anones y las fresas. Cuando Rialta se encolerizaba al hablar, era cuando más se parecía al lenguaje culto de la señora Augusta. Esta, naturalmente, como sentada en un trono, dictaba sus sentencias cargadas de variaciones sobre versos y mitologías. Cuando Rialta manejaba ese estilo lo hacía con ironía o encolerizada, necesitaba violentarse para dorar sus dardos y destellar en la tradición grecolatina. En la señora Augusta, ese estilo tenía la pompa de las consagraciones en Reims, oracular, majestuoso. En Rialta, muy criolla, era un encantamiento, una gracia, el refinamiento de unos dones que al ejercitarse mostraban su alegría, no su castigo ni su pesantez.

Rodríguez Monegal halla en este pasaje el esquema de una parodia, lo que serviría por añadidura para conectar *Paradiso* con un movimiento general del arte contemporáneo, pero su inflexión es más precisa: se trata de una parodia interna, del lenguaje poético que se parodia a sí mismo lo cual, considerando lo que implica para nosotros al menos la existencia de situaciones de interferencia de códigos, comprometería el discurso por entero; en consecuencia —si lo que enseña el pasaje considerado es generalizable— el discurso en su totalidad sería paródico, conclusión que reúne y absorbe las anteriores situaciones de interferencias de códigos; pero además constituiría un punto de partida de posibles investigaciones tendientes a descubrir en el texto nuevas instancias paródicas o, cosa que no contradice esta perspectiva, el campo de transformaciones que operan en la producción de lo paródico y en lo paródico mismo. Como se ve, el ofrecimiento de Rodríguez Monegal confluye en nuestras propias preocupaciones y las enriquece; sin embargo, quisiera examinar ese pasaje con otros ojos en la idea de que el breve análisis que voy a emprender me conducirá a una zona próxima al problema del barroco que he anunciado y dejado de lado hace un instante.

En efecto, retomando sus términos, si se entra en la lógica del enunciado del fragmento en cuestión —y en sus estructuras internas— se advierte lo básico, o sea que un personaje —Rialta— imita a otro personaje —que es su madre, Augusta—; a su vez, Augusta está caracterizada como poseyendo un lenguaje cultivado que aprendió de los autores clásicos pero que al no diferenciarse para nada del lenguaje del narrador resulta imitándolo. Este lenguaje, que circula entre dos funciones —narración, personajes— se alimenta de ciertos rasgos bastante precisables: intertextualidad, a veces explícita, a veces implícita, que brota o condiciona ya sea el vocabulario, ya la sintaxis de la cual lo menos que se puede decir es que es extremadamente latinizante. No sería abusivo decir —si desde Augusta se considera que los demás personajes están en similar situación— que los personajes aparecen como "dobles" del narrador, tanto Rialta como Augusta y como los demás, especialmente Cemí, de quien de todos modos se adivina, no sólo por razones de lenguaje, que es un doble del narrador o algo tiene en común con él. Ahora bien, si el hilo que los une es, como se ha dicho, la parodia, el fundamento de la parodia —o de esta parodia— reside en la imitación de lo "culto" que aparece en su condición de lenguaje escrito pero que, para desencadenar el proceso paródico, debe ser previamente dictado o sea dicho, verbalizado. Pero como, a su vez, lo que es dictado ha sido leído en diversas y numerosas escrituras, existe, en consecuencia, otro nivel de imitación, el que lleva a cabo el lenguaje hablado del escrito.

Si todo esto —y el pasaje ha sido elegido con toda deliberación aprovechando de su disposición a ofrecerse como ejemplo— puede entrar en el concepto de "parodia", o puede ser aceptado como "parodia", la parodia debe ser entendida en el efecto de distorsión que produce, efecto por otra parte muy generalizado que podemos abordar por medio de dos hipótesis. Primero, esta distorsión está ligada, ante todo, a un proceso de inverosimilización; segundo, el efecto de distorsión halla su fuente en el deseo, quizás no satisfecho, de transformar el lenguaje oral a partir del lenguaje escrito tal como está transmitido por la cultura, o sea a partir de la intertextualidad.

No podríamos quedarnos en este punto, la evidencia de un proceso de inverosimilización, sino a riesgo de permanecer en lo puramente descriptivo; en el sentido de un avance podríamos aventurar que, ante todo, dicho proceso manifiesta como tal una oposición indirecta al realismo tradicional que es, sea como fuere, su contexto. Pero, más aún, se trata de un "proceso", o sea que existe una actividad en virtud de la cual se ponen en movimiento plurales mecanismos de producción; quiero volver a destacar ahora el de la inversión conceptual como la que tiene lugar sobre la clásica relación entre oralidad y escritura, consagrada por otra parte por la lingüística saussereana y cuya crítica ha sido hecha por Jacques Derrida en otro circuito intelectual y con otros fines quizás.[11] En relación con mis propios objetivos críticos diría que *Paradiso* asume en esta perspectiva una importancia ideológica fácilmente verificable puesto que, en el enfrentamiento con el realismo, mediante articulaciones de tipo imaginario como la señalada inversión conceptual, hace actuar una memoria que presenta al mismo tiempo el contexto, o sea la red de antiguas y consolidadas presiones formales, y los medios para atacarlas proponiendo, también, relaciones muy productivas, sino enteramente nuevas, en el campo de una lectura a la que convoca entendiéndola como falso reflejo, como acumulación, como dificultad y rechazo, como desestabilización de una economía conocida o, mejor dicho, como economía libidinal de descarga —concepto que implicaría a todos los demás— que tiene necesidad

---

[11] *Cf.* Jacques Derrida, *De la grammatologie*, París, Seuil, 1966.

de expresar su síntoma proliferante, todo lo cual es, en mi opinión, su capacidad de producir una significación.

En este instante, retornemos a la idea de barroco que he presentado como un producto de ciertos procedimientos más que como una manera de ser latinoamericana. Ciertamente, habría que preguntarse por qué, en determinado momento, se eligen unos procedimientos en lugar de otros; se trata de un problema de crítica que emerge del análisis inmanente y se inscribe fundamentalmente en el terreno de las determinaciones ideológicas —vasta cuestión que me limito simplemente a esbozar—. Para el barroco de *Paradiso*, el procedimiento principal elegido es, según lo que antes he tratado de establecer, la interferencia de dos códigos: el primero puede ser cualquiera —médico, gastronómico, etc.—, el segundo un lenguaje poético obsedido por la producción de metáforas; el efecto de caricatura primero, de deformación enseguida, y de distorsión finalmente, iba bien con el modelo de celularización proliferante que he tratado de mostrar como característico de la forma del texto.

Desde luego, ni ese procedimiento ni sus resultados agotan la producción barroca ni, ciertamente, el problema del barroco; es muy probable que se pudieran encontrar otras manifestaciones del barroco en el texto como resultado de otros procedimientos y también de esos mismos; podría comentarse esta presunción desde un enfoque clásico: el predominio de las masas sobre las líneas, hecho evidente en el texto, podría ser una buena comprobación. Sin embargo, quisiera observar otros aspectos concernientes a esta cuestión pero que son menos analógicos y están más dentro del objeto discursivo que estamos considerando, objeto al que reconocemos como un "relato". Dejo de lado, igualmente, elementos típicamente barrocos, como por ejemplo las expresiones conceptistas, tomadas de los clásicos. En el ámbito del relato, no podemos dejar de reconocer que, pese a todo, sigue habiendo una narración y personajes, un narrador e instancias que, articuladas, siguen o muestran una sintaxis. Los personajes, a su turno, se ofrecen a la mirada más como masas que como psicologías, lo que permite señalar otra vez un lugar de ruptura; digo que aparecen como "masas" porque son presentados como puras emanaciones de lenguaje, apenas recubiertos de figuración, tan sólo un barniz que saca su consistencia de la acción de papeles sociales que extraen, adoptándolo, de lo exterior a lo novelesco. Se produce, por consiguiente, de manera coherente, una especie de democratización por lo alto (el lenguaje elevado), una transformación en el sentido de un igualitarismo absoluto que se instaura entre todos los personajes, originado en el lenguaje que es el mismo para todos siendo también el propio del narrador. La sirvienta, el coronel, el médico, el estudiante sabio, el ocasional transeúnte, todos, son el objeto de la aplicación del mismo código que es, ciertamente, el código erudito y latinizado propio del autor, un idioma que se cierne de entrada con una implacabilidad asfixiante, ya que no permite que se sigan ejecutando nuestros hábitos de lectura, pero que posteriormente empieza a verse como rico en consecuencias.

Se podría imaginar, en esta instancia, una inflexión ideológica que, como tal, hace marchar nuestro sistema de articulaciones y nos permite pasar a otros planos. Concretando, ¿se trataría aquí de concebir un mundo en el que la palabra tuviera una distribución diferente a la que tiene en el que conocemos? En un sentido por lo menos imaginario y simbólico, la finalidad de esa postulación sería oponer una evidente generosidad de dicha distribución a la avaricia de una economización paternalista del lenguaje, tal como podemos observarla en ciertos textos del realismo en los que la fidelidad de la transcripción de los modos de habla de personajes que pertenecen a las clases silenciosas contrasta claramente con la riqueza lingüística exhibida por el narrador. En todo caso, esta manera de generalizar en *Paradiso* el discurso de los personajes —que consideramos, como elemento textual, el lugar privilegiado de la reproducción, de las formas, y de la representación, de las personas— se recorta sobre una discusión que compromete la literatura completamente desde el momento en que se toca las repercusiones, en este caso indirectas, que pueden tener sobre la escritura los problemas relativos a producción y circulación; es obvio que la oposición que presenta el tema de la "distribución" clava sus raíces en el aspecto circulatorio de la escritura.

Pero esta observación no tiene más alcance que el de una nota al margen; en la instancia modesta, pero precisa, en la que me sitúo, a partir de esta generalización del lenguaje de los personajes se vuelve a producir, una vez más y por otro camino, no sólo un ataque a la exigencia de verosimilitud sino también a la idea misma de personaje, tal como es presentada corrientemente en esa conocida caracterización alimentada de humanización representativa. Los personajes igualados por el lenguaje resultan, en consecuencia, del trabajo discursivo y, sin dejar de ser funciones más que personas, puesto que son también el vehículo de la escritura al igual que cualquier otro elemento textual, se presentan ante nuestros ojos en la totalidad textual, fundiéndose en ella, produciendo ese efecto de confusión deslumbrante que sería una de las marcas más notorias del barroco.

Por otra parte, el texto parece asumir esta disolución pero no en nombre de una irrealidad —como gustarían decir los obsesionados de realismo— que volatilizaría toda consistencia, sino en función de una intención escrituraria al menos enunciable; en la página 452 hay una nota al pie que proclama, como nueva declaración: "Es más natural el artificio del arte fictivo, como es más artificial lo natural nacido sustituyendo".

Dos últimas observaciones que permitirán ligar los resultados de los análisis realizados por el primer camino. La primera: ese trabajo de producción de los personajes, que elimina una verosimilitud cuyo fundamento se halla, tradicionalmente, en el campo de la oralidad y sus normas, leyes y exigencias, se hace a partir de una intertextualidad que es, esencialmente, un trabajo escriturario. Esta observación recupera el tema de la parodia en el lenguaje, a la que creíamos entender como resultado de la relación entre el estilo oral y su imitación de la escritura. Segunda observación: si esto constituye un desafío o una invitación o una propuesta, hay que señalar que propuestas semejantes han sido formuladas antes, especialmente por el argentino Macedonio Fernández en sus poco conocidos pero sumamente estimulantes textos. No se trata de establecer prelaciones o influencias: quizás haya habido contactos, quizás no; lo que quisiera sugerir, sobre todo, es que un trabajo de la envergadura que tiene *Paradiso* y del alcance que le reconocemos, surge en el continente y trata, por las consecuencias que podemos registrar, de poner en crisis toda una concepción todavía vigente de la narración desde un texto, lugar eminente y privilegiado del desafío.

NOTAS SOBRE LA VANGUARDIA LATINOAMERICANA

Papeles de trabajo*

A José Pascual Buxó

1) EN UN artículo titulado "Nota sobre la otra vanguardia", José Emilio Pacheco advierte que se podría hablar de dos vanguardias: una, heredera de la tradición europea, la otra, latinoamericana, con cierta referencia estadounidense, encarnada en lo que posteriormente se denominó "antipoesía" y, subsidiariamente, "poesía conversacional".[1] Pacheco deja de lado la primera y hace algunas reflexiones sobre la segunda; el primer dato que aporta tiene que ver, precisamente, con la poesía norteamericana, con la llamada "New Poetry", de 1922; la *Antología de la poesía moderna norteamericana*, preparada por Salvador Novo y publicada en 1924 es un hito y una prueba de esa vinculación. Novo, Henríquez Ureña y Salomón de la Selva habrían sido los adelantados e introductores de ese espíritu que tendría, además, otras manifestaciones, tales como el *Trilce* de Vallejo, la revista *Proa* en Buenos Aires, la "Semana de Arte Moderno" en Sao Paulo, el estridentismo en México, con la revista *Actual, hoja de vanguardia*. José Coronel Urtecho funda en 1927 el grupo "Vanguardia", en Managua.

La hipótesis de que "poesía conversacional" y "vanguardia latinoamericana" son la misma cosa es formulada también por Roberto Fernández Retamar (*Panorama de la actual literatura*

* Publicado en *Revista de Crítica Literaria Latinoamericana*, núm. 15, año VIII, Lima, Perú, 1982. El carácter "tentativo" y proposicional que tiene este escrito se debe a su origen: notas de clase para un seminario sobre este tema dirigido en El Colegio de México en 1979-80. Me pareció que esas notas, con poco arreglo, podrían entrar en ese nuevo género, tan amplio y universitario, algo efímero, que se denomina "papeles de trabajo"; en ese carácter se lo ofrecí a Antonio Cornejo Polar quien, generosamente, lo publicó en su revista. Para esta edición lo he vuelto a corregir otro poco sin alterar su forma —o su falta de forma— inicial, aun después de incluirlo en *Las armas y las razones*, Buenos Aires, Sudamericana, 1984.

[1] En *Revista de Literatura Iberoamericana*, núms. 106-107, Pittsburgh, 1979.

latinoamericana); la designación de "vanguardia" será, de todos modos, tardía.

Según Pacheco, lo que favorece la introducción de la poesía norteamericana, sobre todo a través de los tres nombres mencionados, a México, es el "nacionalismo sin xenofobia" que ocupa la plaza en época de Obregón y que promete, según profecías de Vasconcelos, una especie de "renacimiento" cultural.

En Argentina y en Chile, donde la vanguardia viene con clara marca europea, la presencia o influencia de la poesía norteamericana es bastante posterior y si se trata de lo "conversacional" habría que referirlo más bien a Europa, dejando de lado el sencillismo que seguramente poco tiene que ver con la vanguardia; si se piensa en Alberto Girri, muy "norteamericano" aunque tardío, y también poco anexable a la vanguardia, lo "conversacional" está excluido de su tono; es muy probable, por el contrario, que el coloquialismo de Nicanor Parra sí tenga esa fuente.

El interés que tiene esta veta reside en la relación que se establece entre "nacionalismo" y "vanguardia", así lo que se ponga en ella sea discutible; por lo menos es infrecuente.

2) Un tema importante: ¿qué sentido o inflexión tiene, en el caso de las vanguardias, la vieja relación de dependencia cultural Europa-América? ¿Es lo mismo que en el caso del romanticismo o del modernismo o del naturalismo?

Ante todo, habría que abordar el tema, admitiendo que es una constante y un depósito de graves cuestiones ideológicas, como tensión entre diacronía y sincronía.

Viéndolo diacrónicamente, la relación de dependencia no se ha manifestado siempre del mismo modo, ha variado el culto al modelo y, con esa variación, puede decirse que la ideologización del modelo también ha sido diferente.

El hecho de que exista un vanguardismo latinoamericano que resulta de un proceso propio (Vallejo, Macedonio Fernández, de Rokha), que a su vez sirve de guía o de modelo a movimientos latinoamericanos de vanguardia —de todos modos europeizantes— modifica un tanto los términos del esquema corriente de "dependencia" y lleva a reconsiderar nuevamente sus alcances. A propósito, Héctor Libertella señala: "En todo caso, las vanguardias americanas alcanzan a relacionarse con otras vanguardias apenas en un punto extremo de contacto: el acercamiento a una atmósfera de investigación y crítica que obliga a reubicar límites y funciones tradicionalmente aceptados: el ataque a formas literarias "naturalizadas" por un hábito social; el desocultamiento de aquella materialidad local como defensa de un texto-objeto que evite la costumbre del intercambio dado y la destruya".[2]

El rescate de la línea americana es, en esta respuesta, valorativo, lo que no elimina la manera corriente de enfocar el fenómeno y según la cual la "circunstancia", que si no define al menos integra lo "nacional", haría que se viera como aberrante un lenguaje que quiere "desprenderse" de ella. En ese forcejeo queda establecida una analogía, "vanguardismo igual a cosmopolitismo", que impediría, al ser esgrimida como una explicación, ver un orden más complejo de relación productiva entre vanguardia y nacionalismo, tal como se pretende que puede existir en el parágrafo 1 de este trabajo.

De todos modos, en la medida en que subsista el subdesarrollo económico, toda problematización de objetivos desde una perspectiva "productiva", o sea todo vanguardismo, será conflictiva, ya sea porque se anima a desbordar lo que impone el medio, ya porque pretende guiar o conducir a aquello que no puede —y por eso no quiere— ser vanguardista, ya porque se aísla en lo que a primera vista aparece como pretensión tecnologizante. Pero lo mismo podría decirse del modernismo, a su modo también vanguardismo.

3) No habría que ver el conjunto de las experiencias de vanguardia como si la historia fuera lineal, de encadenamientos perfectos: "después" del cubismo "viene" el dadaísmo y "luego" el ultraísmo; hay, ciertamente, una cronología, pero eso no supone una articulación histórica clara y menos una causalidad de experiencia a experiencia; para historizar habría que tratar de entender no sólo los programas de cada experiencia de vanguardia sino también los elementos efectivamente puestos en juego, del mismo modo que el sentido de su aparición.

Esto último, sobre todo, parece claro si se piensa por un lado en el "nacionalismo" latinoamericano como en el clima adecuado para el surgimiento de expresiones y, por el otro, en la receptividad a influencias externas; o bien, por último, si se piensa en el ultraísmo español, considerado por lo general como tentativa

---

[2] Héctor Libertella, *Nueva escritura en América Latina*, Caracas, Monte Ávila, 1977.

de acompasar el ritmo hispánico al ritmo del arte moderno (lo que tampoco sería una novedad para España).

No se puede dejar de pensar, en esta inflexión, en Gaudí o en Lezama Lima: vanguardistas, desde luego, pero mediante un tipo de representación —o de imaginación de lo representado— que parece negar la modernidad. Esto probaría que además de los encuadres generales para entender el vanguardismo hay concepciones concretas que llegan a negar, incluso, aportes vanguardistas para constituir vanguardismos.[3] A propósito, Julio Ortega indica: "Y ésta es la peculiaridad de la escritura de la vanguardia en nuestra lengua. Sus textos, su práctica, levantan frente a los modelos de la escritura dadaísta y surrealista un modelo propio, un paradigma articulado a las tensiones y promesas de nuestra propia cultura".[4]

De donde se desprende, una vez más, que habría que :onsiderar el fenómeno de manera dialéctica y desprenderse de' prejuicio de que la vanguardia es en América Latina puro eu 'opeísmo, tesis que en el fondo es populista.

4) La presencia, en algunos casos temática, en otros estructural, de elementos de referente "moderno", "mecánico", en casi todos los vanguardismos, puede hacer pensar que el vanguardismo es un fenómeno de civilización, imposible de concebir en épocas precedentes; por ese lado va la reflexión de Ortega y Gasset (*La deshumanización del arte*). Contrariamente, se podría pensar que la actitud de ruptura —que sería una constante y un requisito para todo vanguardismo— y que estaría también presente en momentos literarios anteriores -(Lautréamont, según Kristeva, es ejemplo de poesía de ruptura[5]), ya no sería lo definitorio de los vanguardismos.

Esta conclusión desplazaría, de todos modos, el eje de lo semiótico a lo semántico en la medida en que la "ruptura" sería vista como un "elemento" y no como una "condición" de producción; si, en cambio, se rescatara este concepto, habría que ampliar el de "vanguardia" yendo más allá de lo que parece

---

[3] Por ejemplo, los frecuentes ataques al futurismo que se han hecho en especial desde el surrealismo; considérese el rechazo de César Vallejo al surrealismo, e incluso al creacionismo.

[4] Julio Ortega, "La escritura de la vanguardia", en *Revista Iberoamericana*, núms. 106-107, dedicada a Vicente Huidobro, *ibid.*

[5] Julia Kristeva, *La révolution du langage poétique*, París, Seuil, 1974.

rasgo de una época determinada, la nuestra, puesto que siempre hubo "condiciones de producción": el sustantivo "vanguardia" podría dar lugar a un adjetivo, "vanguardista", aplicable a toda experiencia tendiente a alterar ciertos códigos.

Por otro lado, lo "moderno", en lo que concierne a lo técnico e inventivo, es sólo, según Huidobro, una prolongación de lo "natural": del ojo la fotografía, del oído el teléfono, de las cuerdas vocales el gramófono; habría una selección artificial paralela a la natural. Si a esta relación añadimos algo que Huidobro no dijo, a saber el papel que desempeña el espacio, y que marca diferencias de época fundamentales (en la arquitectura y el urbanismo pero también en una nueva sociabilidad de índole esencialmente espacial, de lugares públicos), se afirma su ocurrencia; es más, se podría decir que lo "moderno" es un momento en el que no sólo existen múltiples prolongaciones artificiales de la naturaleza, sino que esta transformación está escoltada y protegida por una clara conciencia de ello, sustentada, simultáneamente, por redistribuciones espaciales de toda índole.

Y otra cosa: el vanguardismo, ya como fenómeno de una época, sería también una manifestación de la conciencia que posee una época —o algunos que pretenden ser sus voceros— acerca del paralelismo realizado (perseguido desde hacía siglos) entre naturaleza e invención humana. Sin embargo, en su aspecto de realización concreta o de propuesta formal, considerables expresiones del vanguardismo —futurismo y sus secuelas, en general todos los constructivismos— parecen haber tomado gran distancia respecto de lo natural. ¿Eliminaron esas vanguardias, por haberlo querido o proclamado, ese resto natural de su articulación?

Si pensamos en la relación que se ha establecido entre Cézanne y el cubismo, o en Gaudí, y aun en los *Calligrammes* de Apollinaire, evidentemente puede confirmarse aquella idea huidobriana de la prolongación y aún más porque los *Colligrammes* (y sus manifestaciones ultraístas en la Argentina) sugieren una relación todavía más profunda entre naturaleza y construcción: intentan señalar que la forma física de un poema no sólo reproduce una forma natural o cultural, una montaña o un avión, sino que debe producir, dejando paso a una acción del inconsciente, una forma natural o, al menos significante, en el cruce entre producción y naturaleza. Es claro que podríamos preguntarnos, dejando de lado a Lacan, a qué esfera pertenece el inconsciente: ¿a la natural o a la cultural?

5) Jaime Concha observa: "El caso del futurismo en la Rusia leninista y en la Italia prefascista es el más conocido por sus vínculos con las opciones políticas de esas sociedades".[6]

Ajustando la afirmación, se puede señalar, por un lado, que el futurismo ruso precede el leninismo, sin llegar a confundirse realmente con él y, por el otro, que si el futurismo italiano es igualmente prefascista en cambio luego es fascista; además, en realidad los contenidos de ambos movimientos sólo tienen de común el nombre aunque, de todos modos, por las respectivas relaciones que entablan con las mencionadas estructuras, dan lugar a que tome forma el siguiente problema: ¿cuál es, históricamente, la relación que existió y existe entre el vanguardismo, en sus diferentes manifestaciones, y la política?

La índole del problema es ésta: por de pronto, la voluntad de cambio que caracteriza al vanguardismo parece no sólo estar en una relación de homología con proyectos políticos que también persiguen el cambio, sino también destinada a entroncarse con ellos. No es de extrañar, en consecuencia, que la mayor parte de las manifestaciones de la vanguardia se hayan declarado de "izquierda", que sus integrantes hayan practicado, incluso, política de izquierda y que los manifiestos literarios hayan introducido casi siempre una dimensión política en la interpretación final de los alcances de su proyecto.

Pero, también, se han vinculado con la "derecha", fundamentalmente a través de decisiones de sus animadores o de la evolución de alguno de sus animadores (Marinetti, Dalí y otros), no a causa de los programas originarios propiamente dichos. Aunque esto sería menos importante que determinar si el proyecto originario, una vez realizado o triunfante, de las vanguardias en general y en particular, implica ya sea una obligada relación con la izquierda política o bien si es posible o concebible una neutralidad ideológica que puede ir para un lado o para otro, según las circunstancias o los hombres en su evolución posterior a la concepción de la idea vanguardista o a la elaboración de los programas que canalizan dicha idea.

A la inversa, es más probable que ciertas tentativas no vanguardistas, como el costumbrismo por ejemplo, sean más adecuadas para una utilización política, sea de izquierda, sea de derecha.

---

6 Jaime Concha, "Huidobro: fragmentos", en *Revista Iberoamericana*, *ut-supra*, núms. 106-107.

Una cosa entonces —y habría que poder deslindar— sería lo que una obra pretende y otra la utilización de que pueda posteriormente ser objeto. En cuanto a la vanguardia, debieron existir ciertas condiciones para que fuera utilizada. La primera es que de alguna manera la vanguardia hubiera triunfado; la segunda, que un Estado realice ciertas actividades o acciones tendientes a incorporar a los movimientos triunfantes con el objeto de servirse del instrumento que puedan brindar o reducir, en caso contrario, su alcance: éste es el caso del expresionismo en la Alemania nazi, que remite, de todos modos, como imagen, a la fertilidad vanguardista en ese país, posteriormente a la primera posguerra.

Lo más prudente ha de ser decir que un gesto vanguardista que quiera fundarse sobre un análisis de la cultura, buscará ser coherente con una lógica política de cambio, aunque a veces la expresión política no lo entienda así y se produzca un desajuste como el que tuvo lugar durante el estalinismo en la URSS. Depende, también, de la crisis estructural, cuya forma favorece o no los cuestionamientos y, desde luego, las aproximaciones entre las dos series del cambio o las dos lógicas. Este punto nos introduce a la cuestión latinoamericana: ¿qué sería lo que, en crisis, favorece el surgimiento de movimientos de vanguardia y qué relación pueden tener éstos con la modulación que toma la política que responde a la crisis?

En verdad, hay en casi todos los vanguardismos un elemento ideológicamente anarquizante, el cual explica, hasta cierto punto, la desconfianza que engendran tanto en la izquierda como en la derecha y, en general, en el "common sense". Se puede considerar, al respecto, las curiosas relaciones que se dieron entre Trotski y Breton[7] y las idas y vueltas de Diego Rivera en relación con el partido comunista y el trotskismo, la evolución de las actitudes de los partidos comunistas frente a las vanguardias en términos generales, así como el rechazo que a su respecto manifiestan regímenes políticos duros, exceptuando, claro, la posibilidad ya señalada de que tales regímenes se apropien de algo, como pudo haber ocurrido, por ejemplo, con la arquitectura futurista. Hay que pensar, por contraste, en el Bauhaus como vanguardia y la acogida que se dio en los E.U.A. a sus maestros, aprovechando lo que los alemanes habían sacrificado.

[7] *Cf.* T. van Eijenoort, *De Prinkipo a Coyoacán*, México, Nueva Imagen, 1979.

Renato Poggioli observa que la vanguardia florece en un clima
de *agitación* política, lo que no sería necesariamente válido para
América Latina, como lo prueba el ultraísmo argentino, fruto de
la bonanza. Sin embargo, la idea de un contexto político que
favorece tal surgimiento propone un nuevo tipo de problemas:
el de la autonomía del arte y la relación que se establece entre
ambos planos; en uno de ellos, el del arte, puede realizarse lo
que en el otro, que seguramente persigue para sí y para el conjunto la misma finalidad, es puro deseo o mera proclama o postulación, aunque este tópico es una variante de lo señalado más
arriba, en este mismo parágrafo.[8]

6) La palabra "vanguardia" (usada por primera vez en literatura
por Sainte-Beuve) proviene de una metáfora militar. Se la puede
analizar por su origen: adelantarse. Pero adelantarse respecto de
qué: de una columna, de una masa a la que, por similar metáfora,
podemos llamar "tradición" o *stablishment*. Pero ese adelantarse
no es tan sólo, como en el ejército, para marcar un rumbo, sino
para establecer un "corte" respecto de aquello que queda atrás:
tomar forma de vanguardia para romper con lo que queda atrás
y aun para que lo que precede se rompa.

De hecho, esa tentativa por "adelantarse" se traduce casi siempre por una "renovación" y la "ruptura" suele ser provisoria,
suele haber reconciliación con la vanguardia, como quizás se pueda ver en la historia de las relaciones entre el ultraísmo (Borges)
y el modernismo (Lugones). Este tema redistribuye, según Héctor
Libertella (*op. cit.*), a las vanguardias: "dos vanguardias coexis-
tentes: una que apoyada en cierto aparato teórico alimenta la
fantasía de una 'evolución' crítica (la vanguardia de pasos sucesivos) y su sombra, en la otra escena, que simula operar en el
cuerpo social como escondida en un caballo de Troya que mientras
espera el momento ilusorio de estallar se va comprendiendo en su
disfraz, reinstaura el mito griego de la astucia". Ahora bien, y
por otra parte, dejando de lado esta bifurcación, ¿qué es "evolución" en estas materias? Para Tynianov, la evolución literaria gira
en torno a la creación de nuevas funciones para los elementos
formales del texto. ¿Hay "evolución" luego de la práctica de las
vanguardias, históricamente hablando? ¿En qué sentido se puede

[8] Renato Poggioli, *Teoría del arte de vanguardia*, Madrid, Revista de
Occidente, 1964.

decir —y se dice— que no se puede regresar al punto en el que Vallejo o Borges empezaron? ¿Es "evolución" esa imposibilidad presunta de "no retorno"? ¿Hay nuevas funciones incorporadas definitivamente al cuerpo del discurso literario?

Pero si, subjetivamente, predomina la intención de ruptura, del "a partir de cero" que si no niega absolutamente el pasado lo cuestiona y lo ataca, se entiende, por lo tanto, que toda vanguardia se plantee una estrategia, palabra con la cual, para volver al punto anterior, más que implicar una disrupción, se quiere señalar que se prepara una planificación con una finalidad, con una disposición de medios, con una evaluación de recursos y un tiempo de empleo. En un sentido, todo esto que caracteriza a la estrategia, acuerda bien con la idea de ruptura que no viene sin lucha, sin pólemos, para unir campos semánticos y permitir caracterizaciones conductuales.[9]

Se entiende, por lo tanto, que en el comportamiento de todas las vanguardias haya rasgos recurrentes y comunes que derivan no tanto de designios repetitivos sino de la general posición estratégica. Estos rasgos pueden ser:

• Proclividad a la constitución de grupos solidarios, casi clanes con lucha de jefes y distribución de mujeres y/o de hombres.

• Actitud crítica radical, aparentemente inconciliable y destructiva.

• Producción de manifiestos y surgimiento de propuestas que caricaturizan, reemplazándolas, las preceptivas.

• Comisión de acciones extraliterarias, gestos o tumultos, como expresiones morales de una ética superior.

• Creación de revistas que canalizan la nerviosidad de la lucha, por encima de la producción de libros.

Admitiendo que la realidad, como juego de fuerzas o como sistema que se opone a ser alterado, impone o ha impuesto límites a los propósitos primeros, y correlativos compromisos, la estrategia suele irse corrigiendo hasta admitir que la "mera" innovación en lo "meramente" literario puede ser o es un fin; se trata de compromisos, que también pueden ser vistos como "traiciones", porque el primer momento del establecimiento de la estrategia implicó por lo general la postulación de un "mundo nuevo", articulado desde la palabra literaria.

[9] *Cf.* Philippe Lacoue-Labarthe y Jean-Luc Nancy, *Le titre de la lettre,* París, Gallimard, 1973. Estos autores desarrollan las ideas de Lacan sobre el concepto de "estrategia".

En esta nueva perspectiva, casi fatal, de "innovación" literaria, no por ello resignada (es como si hubiera deslizamientos tenues en la estrategia), justamente porque no es prevista, el lenguaje sufre dos tipos de operaciones:

a) *des*-trucción, prosódica, sintáctica y semántica.

b) *des*-cubrimiento de lo que está tapado, adulterado por la cultura contra la que se lucha.

Un primer y muy generalizado objetivo de "creación" verbal puede ser vinculado con el primero de estos dos aspectos estratégicos, en una dialéctica implícita puesto que toda destrucción incluye su contrario; a su vez, en la estrategia misma puede estar larvado el "compromiso" que la hará variar.

El trabajo verbal concreto canaliza las dos perspectivas principales de la estrategia vanguardista —innovación y mundo nuevo— pero los caminos que sigue son a la vez dobles: 1) intuición; 2) análisis y establecimiento de procedimientos.

Probablemente, aquellas operaciones (destrucción y descubrimiento) y estos caminos distribuyen todas las líneas del arte de vanguardia, incluidas las creacionistas. En cuanto a los dos caminos, el intuitivo se traduciría por el grito, la voluntad de ininteligibilidad, el campo propicio a la aparición de pulsiones, la afirmación de la salud que hay en la enfermedad, etcétera, y el analítico por un rescate de la sintaxis, la planificación, la manifestación de designios que tienen que ver con la sociedad y la política, la estimación de la instancia del poder.

7) En cuanto a la "ruptura", pareciera que es un rasgo decisivo de la vanguardia, retomando un tema considerado en el punto 4 de estos "papeles". Todo vanguardismo, por cierto, es ruptura aunque no toda ruptura sea vanguardista. Decir esto implica una toma de distancia crítica respecto de un lugar común o de un supuesto generalmente aceptado como necesario. Por otro lado, la ruptura a que se consagra la vanguardia, o los vanguardismos, no es nunca o casi nunca solamente ruptura de un sistema poético; es más, quizás ni siquiera en los que se proponen tal cosa llegue a romper efectivamente el sistema poético contra el que combaten, pero la decisión de ruptura, que no se deja de formular, va más allá, alcanza a la cultura misma (¿sólo literaria?) cuya economía puede ser alterada (en caso de éxito) o bien permanecer incólume.

Habría que ver cómo la cultura (en general) es tocada por

el intento de ruptura vanguardista y qué aspecto de ella puede sufrir el impacto; una respuesta posible sería: aquellos aspectos más debilitados por la crisis. Correlativamente, cuáles son, si eso ocurre, los términos del conflicto semiológico; para una vertiente "semiológico-trascendental", como la que encabezó Juan Larrea, *Ecuatorial,* de Vicente Huidobro, puede ser comparado con el Apocalipsis; como prueba, menciona varios signos de "fin de mundo" (o de cultura) en la obra de varios poetas.

Considerando la vanguardia en esa doble dirección de la ruptura, del sistema poético solamente o de la cultura, y aceptando que sea así, acaso la filosofía que está atrás del gran impulso vanguardista de este siglo sea, más que la nietzscheana, un genérico neohegelianismo que iluminaría, por un lado, el gesto semiótico vanguardista: ataque y destrucción (negación) para dar lugar a una nueva creación.

Este último objetivo —que asumen y declaran algunos pocos— puede ser el objetivo último deseado aunque su formulación es reprimida en casi todos. ¿Por qué reprimida? Porque al verificar que las palabras, a causa de su implacable energía semántica, arrastran y determinan, impidiendo el momento dialéctico de la creación pura, ya que la creación pura debería realizarse con palabras nuevas y se debe hacer con las existentes y conocidas, adoptan los siguientes caminos:

a) re-des-cubrir núcleos semánticos originales, o sea sentidos, tapados, bloqueados u obturados por la cultura contra la que se lucha (por esta vía se emparientan Gaudí y el surrealismo, en parte ése sería también el sentido de la búsqueda ultraísta y aun de César Vallejo).

b) parodiar las estructuras usuales tratando de crear una zona de vacío, de no afirmación (Lezama Lima).

c) inventar palabras para el poema (Huidobro, Girondo) o extender funciones (como lo que hace a veces Vallejo cuando verbaliza sustantivos o conjunciones).

Viendo las cosas desde otro lado, si el proyecto vanguardista descansa —o se agita— sobre un deseo de "ruptura" nunca satisfecho, así sea porque las instancias semántica y sintáctica siguen en pie, y si la sintaxis configura el plano de la "articulación" por excelencia, el problema principal del vanguardismo sería el de la adecuada "articulación del deseo" que, a su vez, no puede aparecer como tal sino como metáfora, en tanto la expresión misma, "articulación del deseo", se proyecta hacia otra parte, sin contar con que ella misma, como expresión, es metafórica. No es de extrañar, entonces, que la "metáfora", retóricamente hablando, aparezca como el vehículo concretado, pero también idealizado —en tanto es vivido como lo que da forma y explica— y, de ahí, que se produzca una caída de metáforas, o sea una acumulación, una sobre otra, en algunas expresiones vanguardistas. O sea, que aparezca como una "riqueza" que, por cierto, encubre una radical carencia: la insatisfecha presencia del deseo, el incumplimiento de su exigencia. Quizás en esto resida el aislamiento del vanguardismo o el generalizado sentimiento, a su respecto, de ininteligibilidad, de incompletud.

8) En cuanto al aspecto de "crítica" del vanguardismo se debe hacer una aclaración preliminar más allá del sentido convencional de la palabra crítica: una cosa es la crítica adjetiva —las "críticas", en la tradición romántica— y otra la capacidad crítica como un "hacer entrar en crisis"— en la tradición socrática. Es esta segunda vertiente lo que se trataría de ver y de elaborar en el vanguardismo, como concepción y como operación.

¿Y cómo se hace para hacer entrar en crisis a la literatura? Criticando, precisamente, en la textualidad concreta, la pretensión neutralizante de universalidad que la literatura suele consagrarse a sí misma, en suma, cierta ideología en la que la literatura se refugia otorgándosela en ciertos momentos de manera aplastante. Dicha crítica entraría sobre todo a través de dos nociones:

• mediante la denuncia del carácter clara y proclamadamente restringido del código que se utiliza, por ejemplo cierta retórica o ciertas exigencias formales o cierto universo imaginario.

• mediante la puesta en relieve del "acto procesal" de la escritura, desocultando el procedimiento, materializando la operación.

El valor y el interés de este enfoque consiste en que permitiría examinar no sólo lo que la vanguardia combate sino a la vanguardia misma, en la medida en que también ella puede llegar a esencializar su crítica —lo ha hecho—, naturalizar su programa y transferir sus resultados, cuya felicidad puede proceder de circunstancias diversas pero no necesarias, a sus propuestas que, de este modo, aparecerían universalizadas en los hechos.

Pero también es un hecho que la mera aparición de la vanguardia implica la manifestación y el desarrollo de una crítica, de la cual es también víctima al cabo de cierto tiempo; hace tomar conciencia de lo "viejo" pero su propio e inevitable envejecimien-

to atrae la crítica hacia sí. Los "revival" actuales, del expresionismo por ejemplo, no serían más que la oportunidad de ver con
ojos críticos, pero serenos, no enconados, a movimientos que im-
plicaron la puesta en escena estructural de una crítica con el objeto de observarla más allá de su transcurso. Gesto ambiguo y algo
perverso, porque sería un homenaje a lo todavía vivo, quizás, en
lo ya seguramente muerto.

9) Hay en los vanguardismos, internamente, una especie de lucha
entre conceptos a veces antagónicos pero que hacen el dibujo de
una transición entre los términos en conflicto como, por ejemplo,
entre automatismo verbal —liberado— y control verbal —regulado—. Si el dadaísmo encarna casi absolutamente el primer
término y el expresionismo el segundo (en tanto un programa
modela una estética), el surrealismo sería una síntesis de ambos
al presentarse como "control del automatismo", aun en el caso
de la obra de Oliverio Girondo.

De todos modos, esos conceptos enfrentados encierran otros:
irracionalismo y racionalidad sería uno de los más notorios; el
surrealismo, también en este caso, los sintetizaría en la medida
en que existe en ese movimiento una conciencia clara de la existencia del inconsciente (lo cual reproduciría el gesto fundante del
psicoanálisis y explicaría las conexiones históricas entre ambas
instancias), cuyas manifestaciones se trata de comprender y expresar y, por añadidura, convertir en materia estética y verdad.

Correlativamente, pero en otro plano, se registra en los dos
sectores precedentes una distribución de otra relación, entre "yo"
y "no-yo", la cual daría lugar, a su vez, a una nueva distribución,
entre lo "lírico" y lo "geométrico".

Desde luego, no debe haber, probablemente, expresión pura
de "lírico" y de "geométrico" sino más bien una interferencia de
ambos registros que va más allá de las intenciones: el ultraísmo
sería en América ese lugar de encuentro no deliberado.

Esta interferencia es, precisamente, lo interesante por cuanto
permite hacer jugar un concepto inherente a la escritura, más allá
de la "intención" vanguardista o realista. Esto nos permite reti-
rarnos de lo circunscripto del tema, que sería algo así como un
capítulo de la historia de la literatura, para tratar de entender lo
que una experiencia determinada significa desde el punto de vista
del desarrollo de la escritura, entendida como un campo más amplio de preocupación.

10) ¿Se puede generalizar acerca del *lenguaje* de la vanguardia? Ante todo, como para otros temas o aspectos, habría que pluralizar: lenguajes; luego, habría que ponerse de acuerdo sobre el sentido de esta palabra: más cerca del "habla" que de la "lengua", el lenguaje sería la realización idiomática, pero restringida a una experiencia o un ámbito social, en el que el elemento estilístico es decisivo. Quizás, de todos modos, sea más conveniente denominar "discurso" al lenguaje; ese concepto encierra más instancias relativas a una producción específica y precisa; de este modo, se diría "discurso vanguardista" o, en plural, "discursos vanguardistas".

En segundo lugar, hay quienes diferencian entre "poesía" y "discurso poético". Tristan Tzara concebía la poesía como *actividad* del espíritu y no como *medio* de expresión. Esta frase está llena de sugerencias: el fondo filosófico en primer lugar, como idea de una esencia —la poesía— hegelianamente activa; en segundo lugar, el problema de la expresión, como imprescindible pero accesoria y, en tercera instancia, la pregunta sobre lo que falta, los contenidos afectivos que se le atribuyen a a poesía. Probablemente, y en oposición a esta manera de pensar, el rechazo a la "actividad" del espíritu está en el principio de la ruptura cubista y se continúa luego hasta, parcialmente, el ultraísmo.

Pero aun cuando se admita la preeminencia de la "poesía" sobre el "discurso", como diferencia entre lo que importa y lo que no importa (lo que supondría además una verificación muy especial y jerarquizada aunque cabe preguntar por la vía de esta jerarquización: ¿será por reconocimiento filosófico? ¿o por identificación psicológica? ¿o por el manejo de un sistema de distribución de valores?), la poesía no podría prescindir del "discurso", el cual debería ser siempre objeto de una descripción que debería, ciertamente, poner en claro su punto de partida.

Encontramos una descripción del "discurso" del vanguardismo en el trabajo mencionado de Julio Ortega, "La escritura de la vanguardia". Según Ortega, en la articulación vanguardista se podría encontrar un vaivén de la armonía a la fractura, como un rasgo englobador de diversas experiencias en las que predomina ora un concepto, ora el otro.

Pareciera que en este punto hay que trabajar con categorías muy generales; por ejemplo, desde una teoría de la enunciación habría una búsqueda de la discordancia con el enunciado, desde el momento en que un acuerdo absoluto implicaría la eliminación de todo metalenguaje. En ese sentido, se puede recordar el letrismo, una experiencia radical tardía en cuyos textos la enunciación, aunque aparece casi como significante puro sin significado, incluye cierta implícita declaración de una intención y, a su vez, el enunciado aparece como un campo de lucha de opuestos: sobrevivencia de la expresión o de la afectividad, sobrevivencia del subjetivismo de la anécdota y de la descripción, relación a veces conflictiva entre tipo de imágenes, como objetos construidos, y referente.

Esto nos devuelve a la posibilidad de examinar "discursos" estudiando, por ejemplo, si hay predominio de tipos de imágenes, cuáles son los elementos componentes de las metáforas, etcétera.[10]

De todos modos, esta perspectiva es restringida si se piensa que "escritura" es confluencia de diversas instancias y no sólo realización. Veremos otros matices.

11) En lo que respecta a "significados nuevos", la creación de palabras, de la que dijimos algo en el parágrafo 7, sería un primer y visible instrumento. Palabras distorsionadas o destruidas (dadaísmo), palabras "portemanteau" (Huidobro), palabras enteramente nuevas (Huidobro o Girondo). No obstante, hay vanguardismos que dejan a las palabras tal cual, sin agredirlas ni proceder sobre ellas.

Veamos el primer caso; tales operaciones innovadoras tienden a recrear, de todos modos, funciones lingüísticas o gramaticales conocidas: sustantivación, verbalización, y aun funciones poéticas, discursivas, tal como la rima (el mencionado letrismo basa su efecto tanto en la acumulación de sílabas sin sentido como en el cruce de esa acumulación con un riguroso respeto a la rima "rica").

Pero si de ello surgen "significados nuevos" no se los puede entender sino en relación con los viejos, o sea en la competencia lingüística general; parcialmente, desde la orilla más radical, en la medida en que se postula que se está produciendo un mundo nuevo, se puede pensar en significados enteramente nuevos, surgidos de una relación casi mecánica, por lo directa y lineal, entre realidad y signo.

[10] *Cf.* Jean Cohen, "La comparaison poétique: essai de systématique", en *Langages* 12, París, 1968; Gerard Genette, "La rhétorique restreinte", en *Communications,* núm. 16, París, 1970; Cedomil Goic, "La comparación creacionista", en *Revista Iberoamericana,* núms. 106-107, Pittsburgh, 1979.

Una tentativa teórica que se desprende de este esquema es la que toma para el lado profético, reivindicando una vieja función del poeta: es lo que se interpreta de las expresiones de Juan Larrea sobre Vallejo; según él, el vanguardismo es o sería "revelación" mística, a través de Vallejo, que los poetas asumen para superar no un lenguaje en crisis sino una cultura en crisis; lo mismo se dice, más cautelosamente, acerca de Martí. El punto de partida de esta actitud profética sería el simbolismo y la destrucción del pasado, como un acto necesario de purificación.

Ese "creacionismo" a lo Vallejo (*Trilce*) o a lo Huidobro, infunde más bien la idea de que una tentativa de destrucción como ésa tiene acaso otro sesgo: perseguiría una remodelación del significante mediante una trituración y, a partir de esa operación —que va de lo simple de la construcción de una palabra a lo complejo de una superposición con el orden lingüístico existente—, la instauración de un orden de materialidad sonora o gráfica que se contrapone al logos dominante; de ahí lo compulsiva o violentamente ininteligible, lo antirracional o antirracionalista.

Pero, desde un punto de vista semántico, las poéticas vanguardistas podrían definirse como relación entre restos de tradición y elementos provistos por la modernidad social, lo que no provee más que una imagen externa del fenómeno: habría que hallar una cifra productiva en esas poéticas, o sea, habría que ver en el nivel de las relaciones semánticas qué hay de nuevo, ya sea a través de lo que instauran las nuevas relaciones sintácticas o, más específicamente, a través del sistema de construcción de imágenes o de los enfrentamientos con las ideas corrientes sobre la articulación poética: sonoridad, ritmo, rima, métrica, etcétera.

12) En 1930, André Breton escribía: "Se trataba, en efecto, en el cuerpo del libro, de hacer variar, de un capítulo a otro, la velocidad de la pluma de modo que se obtuvieran *chispas* diferentes. Porque, si parece probado que, en esta especie de escritura automática, es absolutamente excepcional que la sintaxis pierda sus derechos (lo que sería suficiente para anular las "palabras en libertad" futuristas), es innegable que las disposiciones tomadas para ir más rápido o más lentamente son de tal índole que influyen en el carácter de lo que se dice".[11] Creo que es de interés extrapolar y presentar las ideas de este texto:

[11] *Cf.* André Breton, *Les manifestes du surréalisme*, París, 1946.

• la "pluma" (el instrumento) *inscribe* y establece la relación con el cuerpo o con el ritmo corporal que le otorga "velocidad".

• las "chispas", que resultan de un *ritmo*, indican que el ritmo realiza la escritura y la "diferencian".

• la sintaxis es inviolable: exige en virtud de "derechos" que la asisten.

• las diferencias rítmicas, mayor lentitud o mayor rapidez, "conforman" la significación.

• el ritmo es objeto de "decisiones" (disposiciones), autorizadas presumiblemente por un código o sistema.

Si estos rasgos describen o definen el surrealismo son también un inventario de su aporte a una teoría moderna de la escritura. Esta atribución nos remite al problema más general de lo que, siendo propio de una experiencia parcial, puede añadirse a una masa teórica o ideológica siempre en aumento aunque desde el punto de vista de la preceptiva eso no autorice a declarar que "no se puede volver atrás" después de Vallejo, Huidobro, Borges, León de Greiff o José Lezama Lima.

Por su lado, la expresión "palabras en libertad" llama la atención así entrecomillada por Breton, en virtud de la imagen que tenemos de la "escritura automática"; entiendo que la toma de distancia es respecto de la formulación futurista, movimiento para el cual esa perspectiva implica la condición para el surgimiento del "irracionalismo" de la conciencia y no, como lo busca el surrealismo, la acción del inconsciente; en el campo futurista, se trata de una afirmación puramente superestructural; el surrealismo, en cambio, persigue una articulación "arraigada", que tenga sus fundamentos en la estructura misma, lo que llamaríamos el "inconsciente".

13) En un sentido amplio de la escritura vanguardista, admitida como tal por acumulación de rasgos y de experiencias, y por lo tanto, con todas las precauciones del caso, se podrían manejar dos ideas ordenadoras o distribuidoras:

• una proveniente de un rasgo del teatro vanguardista —desde Pirandello a Artaud pasando por Brecht—: "el teatro dentro del teatro". Esta fórmula, esencialmente "moderna", aunque ya esté en Shakespeare —y que es a la acción teatral lo que el psicodrama es a la "información" en la terapia psicoanalítica— implica algo importante desde el punto de vista de una teoría de la escritura: la tematización hacia el exterior de un movimiento inclusivo de la propia materialidad. Si esto es así, o sea si tal tematización es un rasgo generalizable de la escritura vanguardista, se podría tratar de indagar lo que ocurre en otros tipos de discursos, es decir ver cómo es incluida, en la representación, la estructura material del discurso o, dicho de otro modo, cómo cada discurso se representa a sí mismo además de representar lo que le confiere un aspecto de su identidad como tal. Esta manera de considerar las cosas se manifestaría incluso en el cubismo mediante el artificio de dibujar con la disposición de las palabras el tema de que trata el texto. En este caso se trataría de una "figuración" materializada pero solamente del universo temático; más difícil es concebir la "autorrepresentación", salvo en ese sugestivo hallazgo teatral o en el terreno más trivial de las *ars poetica,* en las que se "dice" lo que se piensa que es el discurso que, por otro lado, se lleva a cabo.

• otra proveniente de una filosofía de "cambio", concebido como voluntad, activo, que se manifiesta, en una dirección, como "deconstrucción" de la lengua natural, en general a través de un ataque al discurso naturalista-representativo y, en otra, como creación de nuevas estructuras verbales (ver parágrafos 7 y 11), ya sea, como se ha señalado, engendrando palabras, ya intentando, como también se ha dicho, producir nuevos significados, ya concibiendo la actividad verbal como creación de objetos.

Pero también se puede ver lo relativo a la escritura vanguardista desde otro ángulo, que acaso sea una variante del anterior, mediante una pregunta acerca de si, por ejemplo, empieza con el vanguardismo una especie de ejercicio de conciencia de sí de la escritura y, correlativamente, si la vanguardia como tal encarna esa voluntad de hacer explícita y productiva esa conciencia de sí.

Un dato para responder afirmativamente es, sin duda, la experimentación en el verso, para comprender cuyo alcance —como vanguardista y significante en ese sentido— sería necesario disponer de una teoría del lenguaje poético. Existen tales teorías: habría que ver si ayudan a entender un sentido "vanguardista", o sea un más allá de la experimentación que pueden describir o ayudar a describir.

Un segundo dato es el relativo al reordenamiento de la sintaxis, por ejemplo el predominio metafórico sobre la metonimia. Esta ecuación explicaría, quizás, la "ruptura" vanguardista, de la que hemos hablado (ver parágrafos 6 y 7), desde el momento en que al doblegar la metonimia se ataca la continuidad, se realiza una experiencia de vacío, sin esperanza aparente de reconstitución. Como dato complementario, en un sentido segundo de la sintaxis, esa ruptura implica una fragmentación, cuya coherencia es rescatada por una tentativa de yuxtaposición y, especialmente, de montaje, concepto que se liga, por otro lado, con la "modernidad" técnico-artística, en la medida en que este concepto es propio del cine.[12] Por este lado, se establece una conexión con la narrativa: un objeto articulado que el estructuralismo reconstruye como articulado recuperando —o superponiendo— unidades a partir de las pluralidades de planos, la fragmentación de la linearidad, la ausencia de nexos, el montaje de estructuras, etcétera.

En tercer lugar, si la escritura se plantea como espacialización, su dibujo, la línea externa, puede ser significante, como se ha dicho al comienzo del parágrafo, al hablar de la "autorrepresentación": deliberada o involuntariamente. En este segundo aspecto se plantea un problema de interpretación.

---

[12] *Cf*. Jean Pierre Faye, "Montage", en *Change*, núm. 1, París, Du Seuil.

DOCE ASEDIOS Y UNA CODA PARA ENTRAR EN LA "POESÍA" DE SEGOVIA*

A Tito Monterroso

1) CONOCÍ gran parte del material contenido en este volumen cuando Tomás Segovia lo estaba preparando. Apenas nos conocíamos: su generosidad se confió en mí y me permitió intervenir en esa etapa intermedia y, acaso porque leer páginas mecanografiadas tiene la virtud de no dejar leer plenamente, hice algunas observaciones sobre adjetivos, si no recuerdo mal, el adjetivo demora y empasta, si a veces se suprime no pasa nada o, al revés, algo suele empezar a pasar. Hoy está frente a mí el volumen impreso y no sólo compruebo que estoy olvidado de aquellas réplicas sino que, más hondamente, no hallo verso que me distraiga, no me doy cuenta de ningún punto oscuro, entro en la línea de un discurso del cual, adjetivándolo a mi vez, diría que me impresiona por la continuidad de la inteligencia y de la precisión, aparato de relojería destinado a dar paso a una "incesancia", belleza de cada frase sin respiro, sorprendente e infatigable reaparición de "lo mismo", en el sentido superficialmente temático, pero que deviene "otro" por la fuerza de un recomienzo poético que pone en cuestión el propio logro. ¿Capacidad de la página impresa, que derrota así, con la ilusión de su invariabilidad, a la página inicial o provisoria, vulnerable, desechable? ¿Disposición particular mía según la cual esa manera de organizar el rechazo que se suele llamar "crítica" ha bajado sus armas y arriado sus estandartes?

2) Ingestiva mi lectura: desde el primer verso del primer poema, uno a uno, con la sensación de estar incorporando a mi metabolismo una sustancia muy concreta y material, con perdón de quienes encuentran mediocre lo material de la producción y subli-

* Me refiero a *Poesía* (1943-1976) de Tomás Segovia, publicada por el Fondo de Cultura Económica, México, en 1982. Este trabajo fue publicado primero en el número 7 de *Crítica y creación*, México, Martín Casillas Editor, 1982 y luego en el número 1, vol. I. de *Crítica*, San Diego, U.C. Chicano Studies, 1984. Para esta edición he introducido numerosas correcciones. Pienso, por su particular entonación, que podría dar lugar a nuevas revisiones.

me el "reino" que la poesía (de ellos) ofrecería, lejos de tal materialidad. De ese modo, en esa continuidad que voy sintiendo —percibiendo— el signo de mi ingestión es la temporalidad en el sentido de que los versos, teniendo cada uno una identidad, al mismo tiempo muestran lo que en ellos engendra a los que siguen y, en una escala mayor, los poemas que se proyectan en los que vendrán y efectivamente vienen; la lógica de una temporalidad tal no me defrauda al cumplirse; la "Poesía", en el tiempo, desplegándolo en mi propia temporalidad, recordándome mi frágil y efímero proyecto —tentativa— de sobrevivencia.

3) Desearía, para no desaparecer en esa ingestión, fijar esa "voz del tiempo" que me viene por la escritura —como replegada en ella y valiéndose de ella— para percibirla "como escritura". Esa operación no es en mí caprichosa: quiero detener esa "voz" que se insinúa para "ver" activamente, como estrategia, como modo de organizar y robustecer mi frágil y efímero proyecto de sobrevivencia. Se me ocurre, por lo tanto, construir idealmente un cuadro único y total en el que todos los poemas de todos los libros recogidos en este volumen estén simultáneamente presentes, de modo que pueda captarlos con un solo golpe de vista, en un conjunto que me expondría los resultados de un proceso. También para recuperar el proceso, ciertamente, pero todo junto, a ver cómo se integra y compone. Proyecto peligroso: el cuadro que yo quiero ver sería todo lo contrario, si eso es pensable, de una acumulación, se debería poder ver en él los caminos que se traza, en ese presente así articulado, el sentido o, más bien, la maraña de sentidos. Concebir ese cuadro crearía condiciones para entender lo que puede querer decir una expresión como "radical espacialización de la escritura", mediante la cual se trataría de ligar diversos planos del hecho poético a partir de un concepto de orden general, y que, complementariamente, dejaría ver cómo lo que en la ingestión primera era un "libro", ahí expuesto, se va convirtiendo en una "obra", como quería Maurice Blanchot o, también, cómo lo que era un deseo de hacerse escuchar como "voz" deviene "discurso", es decir articulación, organismo, que no se puede percibir ni captar sino desde lo aparente de su exterior pero completo, en el "cuadro".

4) Lo cual no quiere decir "entender" estos poemas y esta poesía, del modo en que la gente suele alegar, triunfalmente, una

conclusión: "el poeta quiso expresar su angustia frente a la muerte
o a cualquier otra cosa" o bien "ésta es una poesía de las sensa-
ciones" o bien "el poeta manifiesta su compromiso con la lucha
de su pueblo". Un poema tras otro, en una labor de más de
treinta años, requiere, creo, otra cosa aunque, sin embargo, cada
poema —que es sustento de todo el cuadro (del conjunto simul-
táneo)— obliga a detenerse, a "ver" también en él. Estas son las
condiciones —o los límites— de un trabajo posible en y sobre
esta poesía, si este trabajo pretende discernir los rasgos y los
valores (o el valor de los rasgos) de un discurso y, al mismo tiempo, son causa de una dificultad (perplejidad) que lleva a detenerse
en cada poema y a querer salirse de él, lo que debería hacerme
quedar en él se ve desplazado, porque está a su servicio, por
lo que implica la reunión total, el sentido mismo que tendría la
exposición de la "Obra". Dicho de otro modo, cada poema se
muestra en su estructura, su significación y su resonancia y uno
podría permanecer en esa malla pero el recorrido completo impone su enigma, invita a encontrar la relación. ¿Cómo hacer?

5) Esta pregunta, en su marco por cierto, no es más que un
momento metodológico del trabajo con la poesía e indica también
la dificultad de comerciar con ella; implica que lo que está en
cada instante de un desarrollo es decisivo por sí mismo y por
su contribución a la constitución de una totalidad, pero también
que quedarse en el instante es consagrarse a una acumulación que,
en el mejor de los casos, conduciría a un callejón sin salida
que suele ser la salida de la crítica académica; a su vez, dejar
el instante, desdeñarlo, lleva a las generalizaciones, sean cuales
fueren las ideologías que las alimentan: influencias, escuelas,
acciones y reacciones, imágenes recurrentes, obsesiones temáti-
cas. Entre ambos riesgos, como en el filo, quiero desplazarme y
construir algo, determinar las bases sobre las que se construye
un discurso en los textos que hay que "ver"; qué de tal discurso
así entrevisto podría dar una idea acerca de lo que permite que
un discurso se siga prolongando o, mejor dicho, exigiendo su
prolongación de modo tal que haya una necesidad de seguir escribiendo poemas y de hacer de cada nuevo poema una renovada
experiencia de síntesis entre la "coherencia" que tiene la historia
precedente y la "diferencia" que todo nuevo poema postula; esa
síntesis nutre el interés que renueva la lectura y hasta cierto punto
explica la expectativa que suscita todo nuevo poema. Esta manera

de ver —o esta disposición— se opone, desde luego, al frecuente ensalzamiento que, como única posibilidad crítica, se suele hacer de los "temas", como si en ellos residiera el fundamento de la continuidad y en el supuesto de que serían inagotables de por sí. Si algo se trata de poner sobre la mesa es, justamente, el enigma de la continuidad de una escritura de poesía o, en otras palabras, el enigma de una fuerza que no cede ante el desgaste; dicho de otro modo, ¿por qué se sigue escribiendo? ¿contra qué se lucha al escribir? ¿en dónde nace y reside la inagotabilidad de una escritura inagotable? Volveré sobre el tema de los "temas".

6) Supongamos que el cuadro del que hablé en el párrafo 2 está construido y frente a nosotros. Lo que ante todo puedo distinguir en él es un alud de imágenes, de variantes, de reapariciones: apenas unas pocas modalidades del conjunto. Sin embargo, ya estoy en el momento de la "visión" y, por lo tanto, he renunciado al "querer decir" de la crítica, mencionado a comienzos del párrafo 4; prosiguiendo con la mirada me parece ver elementos comunes a todo lo que inicialmente pude recoger: veo versos cortos y poemas breves, veo versos largos y poemas extensos, veo fragmentos en prosa, décimas y sonetos, veo disposiciones en la página que deben tener algún designio en sí mismas, como tales y, seguramente, deben contribuir con su significación —puesto que toda particular ocupación del espacio es significante— a la significación que debe estar produciendo los conjuntos que se establecen. Dando un paso más adelante, y como si fuera un sistema de aditamentos muy regular, es decir algo que no pertenece a los poemas mismos y que, por eso, tiene un carácter de "meta-texto" cuya función consistiría en vincular, precisamente, el adentro textual con el afuera, advierto dos tipos de marcas, una de las cuales es una información, la fecha, y la otra, las dedicatorias, en un acto verbal más complejo gracias al cual el nombre de persona "entra" en el poema, alguien —el "yo" lírico o el poeta— lo "da", la "persona" se busca en el poema y la lectura se ve determinada por todo este haz de circunstancias o consecuencias.

Algo me sugieren las fechas, sobre todo las que indican días, mes y año, pero no en el sentido de un anecdotario que la cronología permitiría recuperar sino de la poesía misma o de alguno de sus rasgos: las "Notas bibliográficas" informan, al respecto, que no son originales sino que han sido restituidas de acuerdo con borradores que se han conservado o mediante una reconstrucción de otro tipo. El contraste es evidente entre esta casi vaguedad disfrazada de precisión y la invariable precisión de los poemas; de ellos ya se puede decir que lo que se podría llamar la "idea poética" aparece sin titubeos, perfilada, lo que sugiere, en principio, la existencia de un trabajo —o una capacidad, que viene a ser lo mismo— riguroso de elaboración: esa "idea" no es un concepto o un tema sino lo que da identidad discursiva al fragmento y permite que lo "oculto", eso que desaparece sin irse de un producto concluido, ejerza sus efectos; a su turno, la fecha de este modo establecida estaría indicando, en su minucia, cierto repentismo de la inspiración, algo así como, en ciertos casos, "empecé y concluí el mismo día y además lo recuerdo (experiencia única)"; la inspiración no tendría obstáculos de transmisión, el poeta sería, como en la mejor tradición, "médium", vehículo de una carga imaginaria que se limita a transcribir, cosa que haría en una unidad de tiempo tan breve a veces como un día, justamente un lapso que permite hablar de inspiración. Y si, por añadidura, las fechas no figuraban en primeras ediciones y han sido reconstituidas o restituidas en ésta, se acentúa el alcance tácito de la operación en el sentido de que la escritura, como suma de procesos, quedaría puesta en duda, entre paréntesis, incluso casi negada en la medida en que la "mediumnidad de la inspiración" implicaría una disposición a recibir un "dictado", o sea una voz que aspiraría a representarse como voz, no como "radical espacialización", pero una voz un tanto indefinida en la medida en que el contexto profano y colectivizante en que vivimos no permite imaginar muy bien ni las voces de la subjetividad ni las de la divinidad.

Pero este contraste, y la lectura que hago de uno de sus elementos, surge "viendo el cuadro", lo que me indicaría que la presunta suspensión de la escritura no llega a negar la escritura misma sino que es uno de sus efectos, no ya en cuanto esa negación está meramente escrita sino porque se situaría en el plano superestructural del "creer y desear que sea así", es decir en lo que el resultado de un proceso de escritura preconizaría, sin afectar al proceso. Y ese "creer y desear" del "dictado", que se podría incluso traducir por un "me estoy escuchando y me reproduzco", "doy salida a una voz que es la mía y que me organiza", tiene una corroboración explícita sobre el final de "Terceto", en el poema titulado *Parlamento,* explícita declaración de oralidad como búsqueda y creencia ("improvisado verbalmente", "experimento de una escritura menos espacial y más inapelablemente lineal de lo que suele ser"). De este modo, se trataría de una intención, de un proyecto acaso vinculado a cuestiones de "estilo", discernible tal vez en otro terreno ideológico; lo que importa, de todos modos, es la hipótesis y la manera de indicarla: es como si el fechamiento preparara a la conciencia de lo que se piensa y se desea en un terreno ontológico, "la poesía es oralidad", y eso que se desea y piensa tuviera su manifestación, su "tematización" que, a su turno, se explicita o describe como "experiencia" más que, aparentemente, como ideología o creencia.

7) En cuanto a la otra marca, las dedicatorias, muchos, cada vez más a medida que nos acercamos a los últimos tramos del volumen, son los nombres que presiden o concluyen los poemas. ¿Algo de sus resonancias, no sólo sonoras sino referenciales, impregna a los textos? ¿Debemos leerlos en el contexto y no en el texto? Muchos nombres me son conocidos, incluso el mío propio, otros no: si las preguntas precedentes están bien formuladas y tienen sentido, debería acaso tratar de conocerlos todos para poder responderlas y determinarme en esa probable impregnación. Pero yo no soy el lector único de estos poemas y, por lo tanto, no podría, como suele hacer cierta crítica, empezar mediante un "aquí el lector advierte..."; señalo esta limitación en el entendido de que otros conocerán nombres que desconozco, ignorarán nombres que conozco, otros, los que están lejos de nuestro código amistoso o social, los desconocerán a todos y, por lo tanto, permanecerán al margen de lo que de ellos podría impregnar los poemas y, acaso, se sentirán irritados por esta suerte de escamoteo que las dedicatorias les imponen.

Me parece ver en ese presunto escamoteo un espacio entre lo que se sabe y lo que no se sabe, blanco de lectura que viene a superponerse al cuerpo del poema, vacío que intentamos en vano colmar y que, paradójicamente, inunda el poema si un poema es una masa de sombra que cubre un vacío originario, siempre acechante y presente como vacío, desconcertando la lectura, incitándola y también moviéndola. Metatexto en el texto diría que todo eso significa, dialéctica entre dos estructuras que se significan, o una a la otra, pero no seguramente guiño de lectura para los beneficiarios de la dedicatoria; aún más, habría en esta relación un gesto tendiente a insinuar otra "dirección" de la lectura, como si se tratara, en el todo, de un sistema que tiende a no dejarnos solos con lo que está dentro de los límites del poema insinuándonos que deberíamos perseguir lo demás, una plenitud. Las dedicatorias nos proporcionan ese principio de apoyo, igual que las fechas, aunque también nos dicen que deberíamos buscar otros apoyos tal vez más pertinentes o nítidos.

8) Nunca hubiera imaginado que *Primeros poemas,* incluido en el volumen, fuera un libro inédito, tal como se explica en la "Nota bibliográfica". No importa: incluirlo me parece una reivindicación necesaria para establecer el cuadro lo más total posible de un proceso que va de un poema a un conjunto, de un conjunto a un libro, de un libro a todos los libros, de todos los libros a una Obra y de allí al discurso. En efecto, se siente en *Primeros poemas* lo inicial, lo "joven", como no podía ser de otro modo; para muchos ese rasgo es descalificatorio: para mí es la presencia del germen, debe haber en los poemas que lo componen algo que reaparezca después, desarrollándose; es más, lo que aparece en los demás libros más organizado y tematizado está allí, aunque no quisiera hablar, por eso, de "intuición primera". En cambio, mirando el cuadro, se ve que esos primeros poemas son, en lo más inmediato, breves; posteriormente son extensos: debe haberse producido un proceso de expansión que da lugar a, o culmina en, poemas en prosa; se ve, también, que la estrofa reducida, de imagen abstracta y muy ceñida, reconcentrada, va dando paso, en los libros posteriores, a una estrofa amplia, a veces única en todo un poema, al servicio ya sea de una economía verbal similar a la de los primeros poemas, ya sea, sobre todo a partir de *Historias y poemas* (1958-1967), de un desarrollo de la efusividad, de la acumulación verbal marcada por una dialéctica más explícita entre "tú" y "yo", ayudada o sostenida por coloquialismos, referencias locales, anécdotas, "historia". Para decirlo en términos que necesitan de un "marco" de historia de la literatura, tal vez los poemas primeros, breves, vienen de Juan Ramón Jiménez o, mejor dicho, están en una línea a la que podríamos darle ese nombre, y en la cual podríamos poner también a Cernuda, y los poemas posteriores, de expansión en todos los órdenes, tal vez de una experiencia de la poesía norteamericana, dicho esto con todas las precauciones del caso.

9) El último verso en todos los primeros poemas tiene casi invariablemente carácter de "cierre", es como una rúbrica o, en otro

plano, un "no va más". Ateniéndonos al primer término podríamos preguntar ¿"cierre" de qué? En principio la respuesta parece obvia: si hay algo, una idea que se expone, nada más lógico y necesario que rematarla, concluirla; pero estos cierres no por eso clausuran una resonancia, algo sigue flotando, algo, en lo que flota, lleva a tratar de recuperar lo que precede; quizás sea cosa de sonidos (habría que manejar una teoría de la sonoridad) que prosiguen su vibración, o de significación (que no concluye aunque la idea haya sido cerrada); en ambos casos, esos cierres tienen un efecto contradictorio pues en verdad abren a una doble perspectiva, la cual da, verdaderamente, sentido a la lectura de un discurso particular como el de la poesía: por un lado, la presencia y la acción del proceso de articulación sonora, material, el enigma de lo siempre incompleto y completable que es o sería el "significante" y, por el otro, el enigma de lo que promete y escamotea lo que llamamos "significación".

Por lo tanto, y nuevamente, en qué sentido se habla de "cierre". Si un ejemplo posible de lo que quiero decir con esta palabra pudiera ser dado por estos versos, "En el aire va flotando un despertar inconcreto. Y nunca nada despierta." ("Es sueño", *País del cielo,* 1943-1946), lo que estoy llamando "cierre" podría ser, entre otras cosas, una manera de "argumento", pero contenido, comprimido, con todo lo que esto implica pues un "argumento" es una forma específica de encaminar o dirigir un discurso. No importa el tipo de "argumento" de que podría tratarse en el ejemplo así como tampoco es cuestión de inventariar todas las posibilidades de argumento que propone el conjunto de poemas; lo que sí importa, en cambio, es que el hecho de que los cierres "encierren" un argumento, podría ser un índice de un aspecto que, confluyendo con otros reconocidos en otros planos, establecería con ellos una ecuación que particularizaría, definiría y haría reconocible y personal un discurso poético.

10) En *Luz de aquí* (1951-1953), en *Historias y poemas* y, ciertamente, en *Anagnórisis,* además de algunos otros lugares del "cuadro", el "argumento contenido", o también "embrión" de argumento, es más que eso: deviene "argumentación", es decir desarrollo más que núcleo más o menos racionalizable. Como desarrollo reclama de elementos semánticos que en la poesía inicial, ceñida, breve, no se requerían; reclama, como desarrollo, más "referencia", más "explicación", lo que genera más "incisos" y más u otras funciones: "Un obstinado viento/ por la barriada triste/ deja en las cosas una huella impura,/ manual/ de un áspero desgaste./" ("El viento", *El sol y su eco,* 1955-1959). Pero no es que yo crea o afirme que de aquello que está contenido o reprimido vaya surgiendo algo inconteniblemente y se vaya revelando con el transcurso; me limito a señalar que ese plano del discurso que llamo "argumento" engendra otros planos que acaso revelan con mayor precisión las modalidades que especifican la articulación de la poesía de Segovia.

11) La "argumentación", por consecuencia, se tiende hacia la "narrativa" de la cual el "argumento" sería, según este razonamiento, el punto de partida, la estructura básica, el sostén. Pero digo "narratividad", es decir una determinada tendencia o gesto del discurso, no necesariamente "narración", que sería una estructura. Pero entre ambos términos, narración y narratividad, se va produciendo sin embargo un acercamiento que se manifiesta ora en los poemas en prosa, por su diferente economía, ora en los poemas extensos en los que se observa una penetración del referente y una correlativa modificación tanto de los tiempos de emisión (en la medida en que los versos se hacen analíticos) como del sistema de enunciación misma (en la medida en que surge una dialéctica desarrollable del yo/tú), ora, finalmente, en la historización y localización puntual del tema (que se expresa mediante una permeabilidad considerable a lo que ha dado en llamarse "coloquialismo"). Es claro —o lo parece— que el poema en prosa y el poema extenso ejemplificarían cabalmente este acercamiento, por cuanto las mediaciones que lo permiten son perceptibles en el "cuadro", pero entiendo, o creo, que tal acercamiento tiene consecuencias también en otras instancias de este discurso: los sonetos, de este modo, aparecerían canalizando una narratividad, con su exigencia de unidad de imagen y de desarrollo, lo mismo que las décimas (*En el aire claro,* 1951-1953) que, por añadidura, se presentarían bastante naturalmente para dar cauce a una suerte de fuerza de investigación y de búsqueda, rasgos que definen, a su vez y por su lado, a la narración.

Ahora bien, si el "argumento", como "argumentación", alimenta secretamente la narratividad y ésta, a su vez, florece en diversidad de modos de discurso poético, el argumento, que acaso se resista a perderse en ese proceso y en sus etapas, desemboca en algún tipo de "declaración" que trata de producir un convencimiento. ¿De qué? Mi hipótesis es que se procura convencer acerca de una capacidad y de una experiencia: dos cualidades que se sintetizan, dos valores en sí mismos que confluyen en la "capacidad de transmitir una experiencia". Tal síntesis no es virtual sino que encuentra sus signos; diría, en ese sentido, que si los temas, como vehículos de la experiencia, son convocados al poema y pueden, como experiencia valorizada, reaparecer incesantemente, producen también poemas muy diversos. Y, como mi lectura es cronológica, después de haber establecido esta hipótesis me encuentro con *Anagnórisis* en donde leo, destacadísimo, el epígrafe: "ANAGNÓRISIS: Reconocimiento. . . incidente o desenlace del argumento en la tragedia, en el que el personaje principal reconoce la verdadera identidad o la de algún otro personaje, o descubre la verdadera naturaleza de su propia situación". Como pórtico esta declaración es síntesis y culminación de aquello que hemos ido sabiendo (o intuyendo) que se había ido depositando en todo el libro, como si el poeta hubiera llegado a distinguir en una red visible, declarativa, lo que fue invisiblemente sosteniendo su discurso, haciéndolo evolucionar y estimulando su continuidad.

12) Admito que para muchos el trazado que acabo de hacer, el lado por el que he intentado entrar, deja de costado el campo temático y, para peor, se aprovecha de él para sus propios fines. No lo deja de costado: simplemente, lo considera un armónico en el movimiento mismo del discurso poético, no el todo de la poesía; por eso, puedo entender que la reiteración de los temas no es tan sólo la manifestación de una obsesividad o de una limitación, aunque siempre sea la manifestación del deseo: la reiteración sería, en la forma del deseo, la condición de una búsqueda y la garantía de la "diferencia" que confiere identidad a los poemas, razón por la cual el poema de amor siempre sorprende, el poema de la naturaleza siempre es nuevo, lo diferente gobierna el discurso poético con la prudencia de lo secreto y justifica el primario reconocimiento —o identificación— sin el cual la lectura no podría comenzar y los versos serían tan ininteligibles como injustificables; pero identificación y reconocimiento no de una verdad de lo dicho sobre el tema o de la felicidad de una resolución sino con la línea de desarrollo de una fuerza que, despertada temprano, rige una Obra y le confiere una ubicación única en el horizonte de la poesía de una época.

Coda. En realidad, lejos de haber entrado plenamente en este "libro-Obra-discurso", he rozado apenas, y a veces de manera tenue o alusiva, dos o tres núcleos que, adecuadamente considerados, podrían indicar algo más que lo que suele proporcionar la socorrida manera de acercarse a la poesía por los temas, la expresión o las cualidades formales, actitudes con las que la crítica paga como puede su tributo. Ello no clausura mayores posibilidades de esos núcleos ni obstruye la aparición de otros: depende de lo que podamos ver. El problema es que para "ver" realmente más y más lejos en la dirección seguida hay que depurarse de las imágenes que están como metidas en nuestros ojos y que, al enfrentarse con un texto, creen percibir algo, lo mismo que ya traían; quizás perciban lo inmediato pero, al hacerlo de este modo, bloquean la percepción de lo ulterior. El problema consiste en que "ver" y "depurarse" deben irse haciendo simultáneamente para que el resultado de esa interacción implique el ingreso a "una" poesía (a un discurso) y a "la" poesía y, recíprocamente, para que la mayor percepción de "la" poesía permita ver "una" poesía. Pero, insisto, en una simultaneidad, no en una mecánica deductiva.

Final. Por todo lo que ofrece —y que apenas insinué— entiendo, creo, siento, que este libro es un acontecimiento en nuestro tiempo, que no sólo percibe difícilmente la poesía en los textos sino también en la calle y en la vida. Desde nuestros medios es justamente esto lo que tenemos que poner de relieve: no explicando su carácter de acontecimiento sino, considerándolo tal, entrando en su materia, en lo que sería su fuerza más propia y exclusiva.

ARGUEDAS: REFLEXIONES Y
APROXIMACIONES*

A Julio Ortega

DESPUÉS de haber escuchado al profesor John Murra y a Ángel
Rama me siento, en relación con la figura de José María Arguedas, un poco como el argentino aquel del Departamento de Estado, que Murra acaba de evocar, porque mi relación con la obra
de quien hoy nos convoca es incompleta y aun diría que episódica.
Cuando Julio Ortega me propuso intervenir en esta reunión, me
di cuenta de dos cosas: la primera, que yo no conocía realmente
a Arguedas; la segunda, que yo no había logrado elaborar la
imagen que me había producido la lectura de *Los ríos profundos*
en el año sesenta, aproximadamente. Cuando leí ese texto sentí
algunas cosas, creo que vi algunas cosas que me prometí desarrollar, cosa que nunca hice; por lo tanto, en una suerte de desafío
a mi omnipotencia que me hizo Julio, pero también para saldar
una deuda, me dije que quizás era el momento de ocuparme de
lo que había quedado en mí como un resto. ¿Habrá llegado realmente el momento? Voy ahora a entregarles algunas reflexiones
que, muy superficiales, hice releyendo lo que había ya leído y
leyendo lo que me faltaba, pero la imagen inicial, ese golpe de la
lectura sigue ahí, no quiero renunciar a transmitirlo.

Aquella imagen consiste en lo que yo llamaría la "experiencia
del toque": es el niño tocando los muros del Cuzco; es una imagen casi bíblica o de una inminencia que la Biblia, además del
momento mosaico, proporciona frecuentemente. Debería salir agua
de esos muros porque el niño, de alguna manera, está investido de
un poder, pero no sale agua, sale angustia y eso, más existencia-
listamente, es lo que la novela desarrolla. El relato presenta y
expande esa relación entre la inminencia de un milagro —que
tiene fuertes raíces en la historia de un pueblo—, una realidad

* Este trabajo fue presentado en el Coloquio que sobre "José María
Arguedas: Literature and Andean Society" tuvo lugar en Austin, Texas,
del 20 al 21 de marzo de 1980, organizado por la University of Texas. En
la *Revista Iberoamericana,* núm. 122, Pittsburgh (enero-marzo de 1983),
se publicó la versión que se hizo a partir de la cinta grabada. Introduzco
ahora numerosas correcciones de estilo y forma, no de estructura.

psicológica, pre-psicológica, casi fetal, de pérdida, y una angustia que abarca o cubre la situación individual en el mundo en su totalidad, porque no hay nada que el niño no sienta que no tenga una vinculación con el mundo total. La lectura de entonces me transmitió también un tono de solemnidad, como que yo estaba leyendo algo profundamente serio, solemne en el sentido de los ritos, pero no de los que se llevan a cabo en los templos sino de los que actúan como la memoria y apelan a una pluralidad de instancias. Curiosamente, lo que también me queda de esa primera impresión es la imagen del trompo como un objeto que tenía o debía tener alguna significación o desempeñar algún papel; digo curiosamente porque Angel Rama, que habló de la oralidad y la musicalidad, establece un puente entre tales conceptos y el trompo, al que se podría ver, diría yo, como un objeto concentrador.

En los comentarios que voy a hacer en adelante seguramente van a aparecer otras palabras de esta jerga, de la cual "objeto concentrador" es un anticipo; pido perdón por adelantado: al menos es bueno. saber que se ha de emplear una jerga y que la jerga no es un lenguaje natural.

1) En las superficiales observaciones que voy a presentar he tratado de centrarme en lo que me parece que son puntos de partida para considerar aspectos literarios de la obra de Arguedas. El primero es algo muy obvio; se me ocurre que en la superficie —o aparentemente— de todas las narraciones de Arguedas, de todas sin excepción, el elemento o eje central es el personaje, que parece ser sin duda lo más importante: todo gira a su alrededor. Ahora bien, la importancia de tal centralidad no reside en el hecho, por ejemplo, de que los narradores son absorbidos por los personajes o, dicho de otro modo, son también personajes, a veces pacientes, a veces activos, sino en que, además, también aparentemente, o de manera superficial en el sentido de lo que se ve inmediatamente, hay una clasificación casi exhaustiva de los personajes mediante el clásico sistema de las oposiciones, lo más obvio también: a los serranos se oponen los costeños, a los blancos se oponen los indios, los mestizos ocupan un lugar intermedio, los gamonales aparecen frente a los comuneros, los señores feudales a los propietarios pobres y a los obreros; dicho de otro modo, una amplia gama de la vida social aparece personificada o, mejor dicho, personajificada.

Yo sospecho que en todas las narraciones de tipo semejante,

no sólo las de Arguedas, y que constituyen el grueso del caudal narrativo y aun casi todo el acervo narrativo, el personaje predomina; pero, en mi opinión, el personaje es sólo un elemento, no es el todo de la narración. Precisamente, si se toma este elemento como único y decisivo, se toma una parte por el todo, lo cual, seguramente, ha llevado a un tipo de lectura que no es nada más, pienso, que un comentario sobre las acciones que los personajes llevan a cabo, o bien sobre la psicología de los personajes, o sobre los enfrentamientos que realizan entre sí; en cambio, aun aceptando la centralidad del elemento "personaje", no creo haber leído nada que lleve a una tipología, en el sentido estructuralista de la palabra, lo que implicaría un nivel superior que, por el momento, está ahogado por el interminable comentario sobre colisión entre sujetos; en *Todas las sangres,* por ejemplo, tenemos a los dos hermanos, dos caracteres opuestos: ello da lugar a una gran cantidad de reflexiones acerca de tal oposición, las cuales concluyen, por último, en la confirmación de una conocida actitud frente a la literatura, o sea considerar que los personajes encarnan realidades. Efectivamente, hay de dónde tomarse para hacer todo esto, pero me parece que se trata de una trampa para la lectura y para la crítica de una obra como la de Arguedas. Por ejemplo, en función de este comentario sobre los personajes, excluyente de todo otro elemento, es muy natural que algunos críticos los encuentren contradictorios, confusos, ambiguos. También habría de donde tomarse para esto si se piensa en un personaje como el Bruno Aragon de Peralta, de *Todas las sangres;* no se sabe por qué de pronto es un fanático medieval, y de pronto un dostoyevskiano atravesado por la culpa y de pronto tiene un amor purísimo por la mestiza, etcétera. Si lo vemos de este modo, el personaje puede, en efecto, ser incongruente, confuso y ambiguo, todo lo cual me parece, en este caso, de poca importancia, tanto que no constituiría para mí ni siquiera el principio de un trabajo crítico. Se podría pensar, en cambio, que tal reconocible incongruencia, confusión y ambigüedad en el comportamiento del personaje es a veces tan marcada que se llega a romper un principio del realismo, el de la causalidad que, como se sabe, es un principio sagrado de la retórica realista. Ahora bien, con el objeto de perdonarle la vida al escritor que ha construido personajes incongruentes, confusos y ambiguos, pero porque se lo aprecia y estima, se habla de "complejidades" del alma humana, regida, como se sabe, por la contradicción; aunque es bien conocido que

el odio y el amor están separados por una frontera mal establecida y poco clara, cada vez que se sospecha que hay un personaje mal trazado —desde una idea precisa de lo que sería lo
"bien trazado"— y no se quiere decirlo, por un impuesto respeto
a la obra, se recurre a la imagen de la complejidad del alma
humana. Todos cuidamos bastante, creo, esa frontera y si no la
transgredimos con dispendiosidad anímica es precisamente para
evitar riesgos y pasar demasiado pronto del amor al odio y vice-
versa. Por estas razones, elementales, esa forma de considerar una
obra crucial de la literatura latinoamericana me parece muy poco
rigurosa y fructífera: a lo sumo produce reduplicaciones. Desde
luego, esto no significa que mi manera vaya a ser rigurosa: mi
propia debilidad consiste en que estoy permanentemente oscilan-
do en un juego de categorías que son una selva en la que tengo
que orientarme para poder de alguna manera hablar, a pesar de,
o porque pienso que otras voces han simplificado el fenómeno.

2) Tengo también la impresión de que si es exacto que ciertas
incongruencias conductuales en los personajes rompen un causa-
lismo en su trazado, dicha ruptura compromete de rebote otra
causalidad, la de las acciones. Habría, entonces, que atender no
sólo a una categoría, la de los personajes y sus comportamientos,
con sus reglas de causalidad o de congruencia, sino también a
otra, la de las acciones, en las que, como se comprende, intervienen más elementos. Las acciones no dependen exclusivamente
del comportamiento de los personajes sino que, hasta cierto punto,
son resultado de una confluencia, orgánica diría, de factores, también regida por la causalidad. Ahora bien, si se rompe, el resultado es más importante que la incongruencia: el resultado es que
se produce una fractura de la representación, que es a su vez un
requisito principal de cierto tipo de literatura, como bien lo ha
mostrado Erich Auerbach, por no mencionar nada más que
un trabajo en el que esta idea se concentra con rigurosa historicidad. Viendo las cosas desde esta perspectiva, entiendo que muchos de los trabajos existentes sobre Arguedas establecen una
relación muy directa entre la estructura verbal que se nos presenta, el texto, como especificidad que tenemos que leer, y una
realidad representada. Naturalmente, hay en esta proposición muchas cosas a desarrollar, pero el problema no es ése, al menos
para mí. Lo que en este instante me importa de Arguedas no
es lo que ya sabemos de la realidad peruana, sino el *texto* que·

Arguedas produce a partir de la realidad peruana, en y contra la realidad peruana; no me interesa, en suma, el problema de la representación con los conexos de la exactitud o la fidelidad. Y bien, yo creo que, a pesar de que las fracturas e incongruencias en los personajes y la ruptura en la causalidad de las acciones, mayor en algunos textos que en otros (como, por ejemplo, en *Todas las sangres* que, al decir de algunos críticos, Arguedas sentía como uno de sus trabajos principales), producen una cierta discontinuidad desde una perspectiva realista, esa discontinuidad no impide que de estos textos fluya, y no puedo más que usar una imagen, un hálito poderoso, algo que invade mi ámbito de lector y lo compromete, comprometiendo también la lectura. Reconocer, en consecuencia, esta experiencia y actuar con ella y a partir de ella me quita problemas en relación con las clasificaciones típicas, tales como "indigenismo", "idealismo" y todo ese tipo de etiquetas que actúa como freno o instancia de desvirtualización; por ejemplo, cuando uno se acerca a un texto que sospecha que es "indianista", pero que le es presentado por otras lecturas como "indigenista", debe proveerse de un instrumental casi etnográfico a fin de resolver la superposición o neutralizar el desplazamiento, exactamente como si se pusiera frente a un documento o reduciendo el texto a eso. Desde una perspectiva diferente de lectura, el problema desaparece: yo, como lector, acepto que soy tomado por un impulso de lectura que, pienso, fluye de los textos, lo que de inmediato sitúa la discontinuidad de la que he hablado en otro plano; ya no aparecería como un defecto de realismo sino, justamente, presentaría otra instancia, sería un indicio más de esa otra instancia.

3) Si, por otro lado, se adoptara aún otra perspectiva para salir de este problema de las rupturas y, como proponiendo una nueva clase, se dijera que se trata, como se dice modernamente, de "novela del lenguaje", se apelaría igualmente a una fórmula bastante general para salir del compromiso; en otras palabras, se estaría diciendo que todo lo que no se entiende como novela realista podría ser novela del lenguaje, fórmula que sería, de este modo, sustitutiva de algo que no se entiende, además de una obviedad; desde luego, es una "novela del lenguaje" no sólo porque es del lenguaje, sino porque tendría como respaldo un conflicto bastante evidente de bilingüismo, además de la función —a través de su innegable empleo— que puede llevar a cabo el

quechua en tanto lengua protectora de la oralidad, de la canción, de la poesía primitiva, como lo ha señalado Angel Rama. Por su lado, el conflicto de bilingüismo que se presenta en estos textos se plantea como problema cultural trascendente, no sólo como una relación entre dos niveles de lenguaje o dos lenguajes en un texto sino también en las implicaciones extratextuales de la cuestión. Considerar, entonces, que, por no responder fielmente a las prescripciones realistas, éstas serían "novelas del lenguaje", sería negarse a la necesidad de un acceso más abarcativo a estos textos, para realizar el cual, y para empezar, las enunciadas serían para mí las condiciones iniciales.

4) Se debería reconocer, por de pronto y en primer lugar, que el problema de la narración misma o, para usar una expresión un poco más técnica, el problema de la enunciación narrativa se da en Arguedas como "conflicto de escritura", en la medida en que la escritura no está de ninguna manera separada de una experiencia de la identidad; el concepto de "enunciación" (yo, él, nosotros) nos remite justamente al fondo de la experiencia de identidad, el fondo que se gramaticaliza precisamente en el sistema pronominal. Una marca de esa dimensión podría ser el hecho de que muchos personajes, simultáneamente narradores, son niños que incluyen como tales, en proceso, la cuestión de la identidad; como narradores, además, al mismo tiempo que los niños relatan lo que les ha ocurrido como personajes, se van construyendo, van buscando y determinando su ser. Esta cuestión de la identidad en la función narrativa tiene un punto crítico, por cuanto liga la narración como gesto discursivo tanto con ciertas actitudes o inflexiones narrativas como con ciertos temas y personajes recurrentes. Esto es fácilmente verificable en todas las novelas de Arguedas; si, idealmente, las superponemos, por medio de una computadora por ejemplo, veríamos que hay efectivamente muchos temas y personajes que regresan pero también funciones literarias o literario-ideológicas, si se quiere, igualmente recurrentes.

Ése sería el primer nivel de ingreso a estos textos. En un segundo nivel se debería empezar por reconocer que el conflicto exterior, extratextual, también está presente, pero no sólo como exposición de problemas, sino determinando la escritura misma, interviniendo en ella. Claro, es fácil decir, en este sentido, que Arguedas escribe sobre los nuevos obreros de la harina de pescado (en *El zorro de arriba y el zorro de abajo*); ésta sería la manera corriente de considerar la cuestión de la extratextualidad, equivale a decir que "representa" conflictos reales; lo que habría que percibir, en cambio, es el modo en el que estas nuevas realidades estructurales de una sociedad como la peruana son también estructurantes, es decir cómo inciden en la estructuración de la escritura. El tercer nivel de entrada en esta textualidad exigiría el reconocimiento de que en el lenguaje del texto de Arguedas *pasa* algo; desde luego que se admite que el texto es un hecho del lenguaje, es decir que hay un cierto drama que tiene como escenario y protagonista a las palabras. Retomo para abonar la idea algo de lo que dijo Angel Rama, con quien no me sorprende coincidir también en este punto, porque permanentemente coincidimos en estos puntos, a pesar de que no nos vemos durante largos periodos.*

Dados, entonces, estos tres niveles o posibilidades, ¿cómo encontrar concretamente un acceso a la textualidad? Por cierto, yo no tengo nada organizado ni sistemático, lo reitero, para llevarlo a cabo, aunque tampoco es la ocasión de hacerlo ya que estamos en un simposio que fundamentalmente es un homenaje al gran escritor y a una personalidad representativa de América Latina y emitir propuestas excesivamente sistemáticas puede no ser del todo pertinente o tedioso, a menos que se disponga de suficiente tiempo como para concentrar y profundizar, lo que tampoco es el caso. Nótese que hablo al mismo tiempo de la necesidad de salir de la manera corriente de acercarse a los textos y de la dificultad de hacerlo, lo cual me pone en una serie sucesiva de paradojas de las que, finalmente, pretendo escapar reconociendo que en la lectura que hice antaño, lo mismo que en la que hice para esta ocasión, yo tendía a ser sensible a las apelaciones sentimentales, más quizás que a otras sugerencias que también, indudablemente, salen del texto: el mundo, o la imagen sentimental me afectó considerablemente, lo cual también a mí me bloqueó para plantearme un ingreso más abarcativo que no obstante creo que hay que hacer. Se va viendo que el trabajo del crítico tiene sus perplejidades y sus dramas de conciencia: si por un lado es exigido por algún núcleo del texto al mismo tiempo tiene que ser coherente consigo mismo para poder obtener frutos de su trabajo; puede haber, por lo tanto, un conflicto que de alguna manera,

---

* Ahora, desde fines de 1983, el tiempo en que no nos veremos tendrá una duración impredecible: dependerá de mi propia muerte.

en algún punto, tiene que ser resuelto. Yo declaro que, a pesar de que entiendo que se necesita acceder con más precisión, para lo cual el comentario sobre el comportamiento de los personajes es insuficiente, reconozco que lo que más me tocó, lo que más me implicó, fue el aspecto sentimental de los textos de Arguedas: he ahí la razón de un bloqueo. Por lo tanto, como solución a mi propio conflicto, voy tan sólo a proponer algunas líneas de pensamiento, muy desordenadas, que podrían dar alguna respuesta a las tres categorías, o a las tres necesidades, o a los tres planos de análisis que entiendo que se deberían tener en cuenta.

5) Yo creo que los relatos de Arguedas están construidos según un modelo proporcionado, indudablemente, por la realidad; en virtud de ello podrían estudiarse quizás según cierta lógica de acciones, no muy diferente de la lógica de las acciones de la realidad misma (llegada, recepción, amistad, conflicto, desenlace, mala interpretación, reflexión, etc.). Pero en razón de que otras instancias —cortes propiamente escriturarios— hacen su entrada ni la obediencia o el seguimiento a tal modelo es constante ni implica de ninguna manera, cuando se adopta, una actitud de representación ni de reflejo de lo real; antes bien, como ya se ha indicado, hay más bien una ruptura de la representación. Por ello, y aunque parezca paradójico por la manera de presentar este punto, sería inconveniente hablar de esta obra como de una obra realista. Dicho de otro modo: lo que llamo el "modelo de la realidad" poseería una capacidad o un poder organizativo de la estructura narrativa, mientras que el "realismo" es una ideología guiada por una intención de reproducir los contenidos o elementos entendidos como propios de la realidad. En *El sexto* esta distinción se manifiesta en nuestro favor con claridad en la medida en que se puede reconocer la modelización en la estructura misma del relato: ingreso a un sitio, presentación del sitio, exposición de conflictos, resolución de los conflictos, partida. Insistiré en que no se trata de realismo puesto que es la escritura la incidida por el modelo, en el que entran otros niveles que también inciden sobre el esquema narrativo. Además, el esquema mismo es funcional y operativo. Pienso que la obra de Arguedas podría ser vista desde esta perspectiva y con esta luz.

6) El sentimentalismo que ganó mi lectura no ha de ser cosa sólo mía: tiene una presencia permanente en los textos; sin duda,

su fuente real debe ser la idiosincrasia indígena aunque, desde
luego, los etnólogos tienen la última palabra acerca de la existencia y caracteres de tal idiosincrasia. En función de su presencia
tan abundante, sea como fuere, el sentimentalismo filiaría la obra,
de acuerdo con las configuraciones de la historia de la literatura,
más o menos fundadas, que se llaman "movimientos", "tendencias", "estilos", "escuelas"; en este sentido, Arguedas sería más o
menos romántico, calificación que sería, correlativamente, fácil
y poco interesante. Ahora bien, lo que quiero señalar es que la
manifestación del sentimentalismo se hace notoriamente no mediante declaraciones sino a través de la imagen del llanto; esa
imagen es fusionante y establece, casi siempre, una vinculación
con ciertas categorías mágicas que podrían ser propias de cierto
animismo; extendiendo la noción, señalaría que las montañas se
quejan o amenazan, los ríos rugen o susurran. Se podría decir,
a este respecto, que hay algo así como un "realismo mágico",
si se me permite la expresión, que no es el otro realismo más o
menos conocido, y que podría ser muy propio del universo de los
indígenas, así como lo quiere Miguel Ángel Asturias.

7) El nacionalismo que estaríamos dispuestos a reconocer en la
obra de Arguedas no la haría de ninguna manera tributaria del
color local, tentación al alcance de la lectura, ni del indigenismo,
sino que sería, para utilizar una imagen o una metáfora, algo
así como un "enigma valorizado". Desde luego, sería necesario
saber, ante todo —y me pregunto si hay acuerdo universal sobre
este concepto—, qué es la nación y, por lo tanto, el nacionalismo.
Creo que hay que verlo como un enigma filosófico todavía, no
práctico, por cuanto, si se refiere a esta obra, esta obra tiende
a situarse en el plano del conflicto y no de una definición, tal
como sería, en este último caso, si tratara de valores claros, ame-
nazados y defendidos o aun solamente ostentados y proclamados;
como conflicto lo es en relación con su identidad de nación, sus
desarrollos y su futuro pero también en relación con otras nacio-
nes. Pero como en la forma del asunto hay una interferencia de
otros elementos que no logran integrarse y siguen siendo disími-
les, dicho nacionalismo, siempre presente, aparecería por cierto
como enigma, según se ha dicho, pero "valorizado" o, dicho de
otro modo, como un enigma de una importancia capital, recla-
mándose de un pasado, en el que buscaría su fuente, necesariamente traumático. Si el nacionalismo es, en consecuencia, un

acorde entre un pasado traumático y un futuro —más bien sombrío— dicho acorde, o cruce, da lugar a la producción de la escena en la que tienen lugar las situaciones narrativas. Esta estructuración en torno al nacionalismo así considerado tiene su paralelo o su homología en el esquema que propone la propia historia personal de Arguedas, con su pasado traumático, de pérdida infantil, y un futuro sombrío, como su propio suicidio lo pondrá en evidencia, suicidio no imprevisible sino preparado. Habría en esta consideración, por lo tanto, una suerte de concertación de planos de análisis de gran profundidad en la medida en que lo social, que connota los textos, se dibuja con una forma que se reencuentra en lo individual de las condiciones de producción.

8) *Todas las sangres,* según lo señalan diversos críticos, tiene como telón de fondo histórico dos instancias políticas: las promesas electorales de Belaúnde Terry y las acciones de guerrilla campesina de Hugo Blanco. Al decir esto se está afirmando que, además de lo que la novela representa de la realidad, existe un horizonte político e ideológico que, seguramente, en algo determina la representación; quizás el motivo de la compañía minera de la novela, que parece nacional pero que en realidad es internacional o está muy limitada por lo internacional, trate de manifestar lo que habría sido muy propio y característico de la época de Belaúnde de modo tal que por ese lado dicha época entraría en la novela. Esta observación abre el camino para pensar en otros fenómenos de época que pueden haber incidido en la novela, aunque no necesariamente como representación, que sería el caso de la compañía minera; por ejemplo, podríamos preguntarnos por el papel que pudo haber desempeñado en la organización del pensamiento de Arguedas y en la exposición y estructuración de conflictos narrativos la revolución cubana. En la medida en que se toma sólo lo que los personajes de las novelas dicen sobre comunistas y apristas, por ejemplo, y sobre la independencia política del Perú, notoriamente en *El sexto,* frases que reaparecen en *El zorro de arriba y el zorro de abajo,* se deja de lado la "acción", es decir lo que un conjunto de situaciones políticas múltiples y un lenguaje ideológico puede haber engendrado sobre la articulación misma. Desearía que esta observación desborde su propia oscuridad, impresión que puede resultar del hecho de que se trata de un primer apunte, de una intuición. Para desarrollarla voy a retomar algo que Antonio Cornejo Polar destaca con toda

agudeza respecto de *El sexto*; señala que en el final de esta novela la guitarra que no se termina de construir y la reaparición de las canciones de los monstruos homosexuales de los pisos de abajo aluden o implican o simbolizan una falta de salida; en efecto, pareciera que no hay salida, lo que no me parece que sea simplemente indicativo del estado de ánimo que corresponde a la época política en que se escribe *El sexto,* o sea la dictadura de Odría: no creo que sea eso lo que haya que buscar. Quizá más importante, para dar una idea de lo que quiero decir, sea en *El sexto* la idea de que ligar los tres pisos de la cárcel no sólo es posible sino que contiene un elemento de ruptura a partir del cual la tensión dramática mayor no residiría en el encuentro de distinto tipo de personajes sino de niveles o de estamentos; desde ahí, se podría concebir una acción del tercer piso sobre el primero, una interacción en realidad que produce las situaciones y genera los efectos. Es por ese lado, me parece, que entra en el texto, y el análisis lo puede recoger, una fuerza ideológica que recorre la realidad y que se encarna en cierto tipo de pensamiento que empieza a surgir sobre el final de la guerra, época en la que se escribe *El sexto*. Dicho pensamiento sería algo del material que constituye su discusión con Cortázar y Fuentes; explicaría sus sarcasmos sobre la estructura de *Rayuela* y otras obras posteriores de Cortázar e implicaría, indirectamente, un ataque al estructuralismo que estaría por detrás de *Rayuela* como un corte ideológico, como una acción que modela una escritura y una actitud literarias, en la medida en que su lectura del estructuralismo podía haberlo visto como una teoría de los vasos incomunicados, de los fragmentos que no encuentran una unidad. Si, en ese ataque, Arguedas no reivindica para sí ninguna teoría opuesta a la de sus contendores, ello no quiere decir que su textualidad no esté atravesada y aun determinada por elementos similares de la realidad como, por ejemplo, dicha idea de la ruptura de la estamentación.

9) A este respecto, quisiera añadir que el sentido de muchas situaciones narrativas se ilumina mediante poemas quechuas y no en virtud de desenlaces de tipo naturalista; las resoluciones de esta tradición, en el sentido clásico de la palabra "resolución", son efectivamente pobres pero, en cambio, los poemas que vienen a desanudar un conflicto son ricos; a la vez, si bien los poemas son quechuas, como se ha dicho aparecen traducidos, lo que supone cierto conflicto en la medida en que se asume un límite

en el universo de lectura. La musicalidad implicada es seguramente la original del quechua sobreviviente en el español o, acaso, modificando o mestizando el español. La consecuencia es que, frente a la pérdida del referente oral, hay correlativamente un rescate o valorización o aceptación del código escrito y en él hay una búsqueda de tal resonancia guardada o, dicho con más amplitud, hay una investigación permanente que tiene que ver con la escritura, ya en su sentido literario. En este punto, se corroboraría otro aspecto de lo que se ha señalado al comienzo, a saber que hay otra limitación más al realismo en la medida en que el texto se compone con una fibra ausente y con una vibración contradictoria; además, si la lectura forma, como suele decirse, parte del texto, dirigirse al lector castellano, si bien implica una correlativa renuncia a un lector todavía inexistente en quechua, no significa una renuncia al elemento, que sigue siendo quechua y cuya estimación simbólica, así como del papel que desempeña en la narración, justifica que sea recogido y traducido, fusionado en una memoria anterior. Hay algo en este aspecto que merece un estudio en detalle, pero no en un sentido académico sino en el sentido de los conflictos principales que modelan y recorren, como ríos profundos, la obra de Arguedas. Yo diría, complementariamente, que este aspecto, de naturaleza lingüística, el efecto de traducción, tiene una consecuencia estilístico-estética que desearía designar como "sacro-indo-hispana". La imagen con la que podría comparar sus resultados en la escritura, muy próxima a lo que suele designarse como "barroco" americano, es, por ejemplo, la que suscitan esas iglesias que hay en el Estado de Oaxaca, en México, construidas según un modelo gótico pero por artesanos indígenas y con un lenguaje iconográfico que, por la concentración de niveles, puedo llamar "sacro-indo-hispano". En la escritura, que es lo que más nos interesa, esta concentración es vivida como pulsión estilística que no sólo permite, como lo señalé, resolver situaciones, sino que, en una acción general, da lugar a redes semánticas sobre las que los personajes son identidades inteligibles, aunque no por ello menos contradictorias; se podría decir, en tal sentido, que esa pulsión estilística los genera. Vistas las cosas así, estaríamos ya en el otro lado de la cuestión inicial, concibiendo concretamente a los personajes más allá de la convención caracterológica: estos personajes no son representaciones sino que surgen de una compleja necesidad de la escritura: el Bruno Aragon, de *Todas las sangres*, por ejemplo, es uno de los resultados más notorios de esta pulsión y, por lo tanto, un buen exponente, desde el análisis, de esta estética de base lingüística o, si se quiere, bilingüística.

10) Todo esto no quiere decir que haya una desestructuración vanguardista en los relatos de Arguedas: subsiste en ellos, vigorosamente, por ejemplo la "descripción" o, mejor dicho, lo descriptivo como canal narrativo o "forma mentis" de la narración, con la fuerza que tiene en el relato tradicional y que constituye su necesidad y su virtud; ahora bien, su descripción no es sólo ambiental y enmarcatoria, sino que está encaminada a la preparación de acciones, de enfrentamientos parciales que culminan en levantamientos colectivos que son, como se sabe, simultáneamente materia de evocación y de proyección y, por lo tanto, tienen una gran identidad en lo que podríamos denominar lo "imaginario". Esta articulación es una constante, lo que en cierto sentido implicaría una subterránea, o no tanto, estructura épica, con una acentuación mayor del momento final, de estallido, que del momento memorativo o analítico que puede reconocerse en otros relatos de conflictos, más explicados y valorados. Tiendo a pensar que esto está ligado a otra cuestión a la que también se refirió Rama: el pasaje de lo individual a lo colectivo sobre el cual, evidentemente, crece la noción de lo épico; lo que quisiera añadir es que, por encima de esta función, esta estructura épica tiene consecuencias en la realización o concreción o formación de los personajes: si el Cid es un héroe y, en consecuencia, sus acciones serán épicas, aquí la épica de las acciones hace los héroes o, más modestamente, los modela como personajes. Aun más, diría que, como en toda articulación imaginaria, especialmente épica, la literatura pretende también realizar una efectiva acción sobre el exterior; en cuanto a lo épico, su valor en ese sentido consiste en que no sólo recoge hechos que pueden haberse producido sino que intenta, en su interpretación, constituirse en modelo de lo real, pretende señalar un camino a la sociedad a partir de la lectura. Yo creo que esta acción "modelizadora" está efectivamente implicada en la obra de Arguedas, como dimensión posible de la literatura para modificar la realidad y de la realidad modificable según lo puede proponer la literatura.

11) No cabe duda de que la política está muy presente en la obra de Arguedas y la cala: la política real e histórica, la de su tiempo.

Por de pronto, del conjunto de situaciones y acciones se desprenden —o, al revés, podríamos decir que contienen— términos que conducen a planteamientos políticos inmediatos: la opresión, la explotación, el movimiento de las masas, los privilegios de los individuos, etcétera; dichos planteamientos configurarían un primer plano de lo político, yo diría como "pasión". En un segundo plano podríamos poner lo que resulta de la presentación-reproducción (en boca de personajes) de discursos políticos conocidos: apristas, comunistas, independientes, líderes campesinos y sindicales, social-cristianos, místicos, etcétera; estos discursos establecen relaciones entre sí, chocan, se superponen de manera episódica o más permanente, todo lo cual crea una red interdiscursiva paralela a la serie discursiva real. Para pensar en un tercer nivel me referiré a *El sexto*, novela que me interesó mucho, pese a que es presentada como una obra menor. Mi imagen es la de una caldera a presión, tanto por esa suerte de inminencia dramática constante como porque lo político se comprime de situación en situación, es como una extensa metáfora que búlle y de la cual de pronto algo se desborda al exterior; si, en lo inmediato, apristas y comunistas se incluyen en sus discursos, partiendo de que son diferentes y aun antagónicos, ello puede estar autorizado imaginariamente por un afuera que, según el narrador, lo requiere; ese afuera es una estructura de pensamiento específicamente político, el "frente popular" que actúa como una posibilidad real, reproducible, o como un "mito de pérdida"; sobre tal estructura diría que es algo más que un artefacto político, a pesar de nacer en un momento histórico bien concreto, es una manera de pensar la política y, por lo tanto, de organizar la vida: no es de extrañar que imprima lo imaginario y haga producir discursos diferenciados. Esto es lo que me interesa destacar: en *El sexto* se reintroduce la cuestión del sujeto en la política pero no a la manera de los dramas sartreanos, en los cuales alguien que está fuera de los partidos quiere tanto hacer algo con ellos como que ellos hagan algo, movido porque se siente "implicado", sino concibiéndolo como "espacio" del drama político, como el lugar efectivo en el que el drama político se lleva a cabo; pero esto tampoco debe entenderse en el sentido ético de las opciones que se declaran —tal como lo hacen en *El sexto* apristas y comunistas— sino, precisamente, en la aparición de alternativas de personajes que se problematizan lo político de otro modo y, en consecuencia, aparecen atravesados por lo político, recorridos, y, de última, enfrentados con los que manejan opciones preconstruidas. Esa forma del personaje es la de su subjetividad que sería algo así como el espacio en el que se cruzan las líneas de la realidad y lo político se gesta o se forma. Yo diría que un sujeto así está pensado a la manera de un marxismo postalthusseriano, imagen que sea como fuere viene bien pues, como lo señaló el profesor Murra, Arguedas se consideraba débil en la cuestión teórica que, como se sabe, fue tan densa entre 1960 y 1970; es incluso muy posible que, en la época en que hacía esa declaración, no estuviera al tanto de las polémicas marxistas en general ni de las relativas a Althusser en particular, exteriores a su campo de intereses y a su vida misma. Esto indicaría que un texto, por insistir en este punto, porque tiene implicaciones variadas, hace algo más que representar el mundo en el que se produce: introduce el mundo en el que se produce de una manera mucho más rica que la representación que hace y tiende puentes hacia maneras de pensar el mundo que serán formuladas mucho después, mediante discursos que en muchos casos no se pueden prever todavía. Retomando el punto, diría que su sujeto es independiente, está suelto y condenado a la búsqueda pero, al mismo tiempo, trata de introducir las pulsiones que lo forman en la objetividad, quiere formar parte de ella mediante las pulsiones que lo forman y sin someterse a lo que, a su vez, sería propio de la objetividad: es un sujeto subjetivo pero modificante, intenta cambiar la objetividad desde la memoria, las vísceras y la conciencia.

Quizás esto tenga algo que ver con la imagen inicial de *Los ríos profundos,* lo que llamaba, metafóricamente, la "experiencia del toque": en un sentido mitológico se desea que salga agua pero sólo brota angustia de esos sagrados muros; es el deseo que, aunque no se vea satisfecho, organiza y recorre, dando forma, toda la obra de Arguedas, como uno de esos ríos profundos que ruge y exige, saliendo a veces, formulando otras, cayendo otras en el repliegue de lo que todavía no puede circular. Pero ese deseo no es metafísico; puede ser visto desde cierta perspectiva teórica como deseo del sujeto que, deseante, construye su propio espacio y el espacio político trascendente. Entonces, lo político en *El sexto* se muestra, en ese tercer plano que estábamos tratando de definir, reintroduciendo el tema del deseo y de su historia cuyo arranque o punto de partida es en la obra de Arguedas claramente traumático: nace ya casi interrumpido pero en ese instante mismo persigue su continuidad, incesantemente; es la infancia dolorosa, condicionada, la obsesiva imagen materna, la siempre en riesgo imagen paterna, el asedio cultural, el deformante conflicto exterior.

12) En todos los relatos hay objetos, el trompo, la guitarra, el zumbayllu, que funcionan como objetos significantes y concentradores, según lo señalé en el comienzo de este trabajo. Merecen tal calificativo porque se deposita sobre ellos una gran carga semántica, afectiva y simbólica. De este modo, el personaje que los construye o maneja, o aspira a manejarlos —porque también son objetos de deseo— confluye o choca, siempre, con otro personaje en idéntica situación: en la confluencia o choque los objetos son revestidos de atributos ideológicos que se desplazan sobre los personajes: así, hay quien los maneja mejor, hay quien posee la sabiduría para construirlos, hay quien puede renunciar a ellos en actos sacrificiales de dación comunicativa, hay ofrecimientos que establecen conexiones, vínculos o también exclusiones. Si ello ocurre con la guitarra también lo vemos en relación con el trompo y con la piedra que se arroja a través del río en uso de una particular habilidad; en la medida en que uno lo tiene y otro lo quiere, el objeto distribuye a los personajes en aspirantes y en consagrados y, por lo tanto, los reúne, los concentra. En un segundo nivel, además, tales objetos son descritos con una carga sentimental muy grande: cuando los personajes se encuentran con ellos se produce una situación, hay un cambio y una efusión que "significa" y se traslada a otros planos. Desde luego, son objetos que pertenecen a una tradición pero no aparecen para reivindicarla sino, reitero, en una función narrativa; es claro que para hacerles cumplir este papel debe haber operado un conocimiento preciso, aunque borrado, al servicio de la escritura que presenta, transforma y produce lo que, al mismo tiempo, ausenta. Antropología viva, con esos objetos que hacen progresar la narración se crea, porque ése es el sentido de estas narraciones, un pasaje del llanto individual al grito colectivo, de la inminencia del agua a la angustia objetivada.

PRESENCIA Y VIGENCIA
DE ROBERTO ARLT*

A Arnaldo Orfila Reynal

1) UNA biografía de Roberto Arlt (1900-1942), para no ser
redundante y verse obligada a glosar las buenas que existen (Raúl
Larra, *Roberto Arlt, el torturado,* 1950; Nira Echenique, *Roberto
Arlt,* 1962; Diana Guerrero, *Roberto Arlt, el habitante solitario,*
1972; Mirta Arlt, diversos prólogos y notas) debería confeccio-
narse según el modelo presentado por Adolfo Prieto en la excelente edición de *Los 7 locos* y *Los lanzallamas* de la Biblioteca
Ayacucho, Caracas, 1978; integrando una servicial cronología
leemos párrafos de esos y otros trabajos biográfico-críticos que,
en su secuencia, año a año, nos van proporcionando lo esencial
de una imagen de un escritor, lo esencial en el sentido de "lo
que interesa y tiene que ver" con los textos que, ellos sí, son
lo esencial. Económica, rigurosa, sin flecos ni psicologías, abierta —porque se le podrían añadir más frases destinadas a un
enriquecimiento de la imagen en la misma dirección— esta biografía, completada, nos hablaría de un origen inmigrante (padre
alemán, madre tirolesa), nos señalaría sus crónicas dificultades
económicas, aludiría a un modelo familiar de escasa estructuración, con pocas y confusas metas, algunas vinculadas con una
memoria europea, otras con la característica fluencia de clases
en la Argentina de los veintes, pondría en evidencia un conflicto,
a lo largo de toda su vida, entre la calle (como residencia de la
aventura, la imaginación y las variables) y la casa (como el espacio del deber, de la disciplina, de lo poco), indicaría una formación cultural ansiosa, precipitada, por acumulación y no por
sistema, radial y, al mismo tiempo pero no correlativamente,
una conciencia profesional —de periodista y de escritor— aguda
y extrema, moderna, real, de pies metidos en su tiempo; mostraría, finalmente, una actitud porosa frente a las formas del proceso cultural tanto como a las experiencias vitales concretas.
Se podría continuar acumulando núcleos de esa biografía: sería

* Prólogo a la *Antología* de Roberto Arlt, publicada por Siglo XXI
Editores, México, 1981. Segunda edición en 1984.

la que a mí, personalmente, me gustaría hacer y que constituiría, a su turno, un ejercicio de lectura "de todo lo que se sabe y se ha escrito" y no una indagación de archivo o una investigación testimonial. Modalidad, en suma, de un reconocimiento al ya extenso material que existe y que no anula otras posibilidades como, por ejemplo, la de una biografía imaginaria que se construyera suponiéndole gestiones probables, actitudes y relaciones en consonancia con lo que creemos acerca de él.

Sea como fuere, en lo real y en la dimensión que le podríamos atribuir —y que pertenecería al campo de lo que de nosotros se extiende en él— los núcleos que acumulé se relacionan rápida y fácilmente con aspectos ya muy característicos de su obra, sobre todo y fundamentalmente en el plano temático: la frustración familiar, la amenaza del matrimonio, la oscilación filo-misogínica, la presencia-ausencia del dinero y la propiedad, la fascinación de la locura y la simulación, los tipos y las situaciones populares datadas, situadas, cierta metafísica aparentemente trivial y leída en maestros conocidos, una tendencia a la mistificación y a la burla, al "carnaval", como no habría dejado de observar Bakhtine si hubiera tenido el privilegio de conocer la literatura argentina de ese tiempo, etc., etc.

Vistas las cosas así, sin renegar de la vinculación por otra parte indiscutible entre "su" vida en particular y "su" obra, presentaríamos su vida en un breve fresco, donde estuviera todo pero tan sucintamente expuesto que nos quedaría tiempo para pensar en muchas otras instancias de un conjunto de textos que siguen significando todavía muy intensamente para la dilucidación de los caminos y los atolladeros de la literatura argentina.

2) Creo que no se puede entender la obra de Roberto Arlt si, al mismo tiempo, no se hacen otras lecturas: la primera es la del contexto político social argentino (lo que va del proyecto liberal burgués del 80 a la crisis del radicalismo y la aparición del elemento militar en la escena política, pasando por el fenómeno de la inmigración y todas sus consecuencias, los conflictos ideológicos y de clases, la relación con la cultura europea, la crisis del "sistema" capitalista a fines de la década de los veinte, etc.); la segunda invita a una diversificación textual: el sainete y el teatro culto, el lunfardo y los intentos de una literatura popular, la poesía de vanguardia, el tango, la arquitectura, el cine, la radio, la industria, la comicidad, el futbol y el box, la delincuencia y

otros. No se puede entender, creo, el vigor de la prosa de *Los 7 locos* si se desconoce la solidez de la construcción de los tangos de Julio de Caro o las esperanzas multitudinarias puestas en el pie derecho de Bernabé Ferreyra o el deslumbramiento —valga el juego— por la luz eléctrica.

Me explico: no es que no se puedan entender alusiones a situaciones reales "representadas" por Roberto Arlt; lo que sin esa doble lectura no se podría entender es la fuerza, la convicción, eso que el mismo Arlt designaba, en el Prólogo a *Los lanzallamas,* como un "cross a la mandíbula" o sea, dicho en otros términos, el sistema de operaciones que, visto desde aquí y desde ahora, parece generalizado, como caracterizando la "productividad" específica de una época o de un país o de un proceso de desarrollo cultural de un país. Esa época es la que va del 20 al 40 y de ella lo menos que podría decirse es que poseía una extraordinaria expansividad en cada una de las manifestaciones que surgían o se declaraban o habían madurado: expansividad, esto es capacidad de acreditarse en un público ávido y receptivo que, a su vez, estaba preparado para potenciar cada una de estas manifestaciones creando las condiciones para una mitificación de la vida cultural; productividad propia, resultado del proceso social, confianza en la legitimidad de lo peculiar, Buenos Aires, sobre todo, como centro del mundo en la medida en que los lenguajes que surgen son fructíferos e inteligibles y proponen una identidad orgullosa y al mismo tiempo placentera.

Quizás Roberto Arlt, en su momento, se inscribió de una manera tenue o tímida en esa productividad, quiero decir sin la capacidad de expresarla y representarla que podía tener Carlos Gardel, por ejemplo; hoy, en cambio, su posición ha cambiado: no sólo se nos aparece perfectamente integrado en dicha producción sino también como uno de sus exponentes más cabales, una especie de sintetizador de operaciones expresivas que hicieron de la Argentina, y sobre todo de Buenos Aires, una suerte de extraordinario espacio experimental de una multiplicidad de signos de una cultura popular. El carácter epocal de la obra de Arlt, por lo tanto, se pone en evidencia después, una vez que muchos otros canales de búsqueda concluyen su ciclo y entregan lo suyo, declinantes, a la gran corriente de la cultura nacional argentina.

3) La situación de la obra de Arlt no fue clara hasta después de algunos años de su muerte; en vida, su mayor notoriedad prove-

nía de su práctica del periodismo, diarios artículos publicados durante meses y meses, reunidos por su título, *Aguafuertes,* mediante los cuales hizo realidad moderna, por decir así, la vieja aspiración, concebida en la época romántica, de describir milimétricamente la vida de la sociedad argentina; artículos genéricamente costumbristas, se apartan del remoto modelo español (Larra, Clarín), para inflexionar el modelo argentino (Gutiérrez, Fray Mocho, Last Reason) mediante los recursos que proveía el periodismo y sobre fondo del ascenso histórico de capas populares dotadas de gran imaginación; sus artículos, en esa perspectiva, no rechazan el lunfardo, la jerga y el ritmo periodístico, los ambientes marginales, ladrones y caballos, el tango, etcétera, etcétera.

En cambio, como "escritor" está solo o casi, lo que ahora no importa tanto; de todos modos, en relación con lo que hace mucho ruido en su tiempo, se lo ve por un lado decididamente al margen de la sacralidad martinfierrista, que tiene su oráculo en Borges, y en Güiraldes y Macedonio Fernández sus mentores, y, por el otro, un poco menos del sentimentalismo boedista, cuyos intérpretes están en la piadosa tarea de recoger todos los fragmentos del discurso de la miseria social (Castelnuovo, Barletta, Mariani). Personalmente, como desplazamiento físico, como quien va del barrio al centro de la ciudad, va de uno a otro grupo, lo que no es oportunismo ni parece ayudarlo a encontrar los lectores adecuados, sus lectores, tal es el silencio que rodea su obra de escritor propiamente dicho; sin embargo, en las versiones posteriores aparece casi como el caudillo de Boedo y, en esa posición, como quien mejor, con más felicidad, se opone a Florida (Borges); de todo esto, sólo veo ahora como significativo e interesante el silencio, no esas ubicaciones en las que él mismo no creía; por ejemplo, es Güiraldes el primero en conocer, y apreciar, *El juguete rabioso* o algunas de sus partes, incluso lo admite como su secretario personal y la tradición quiere que le tolere burlas y agresiones. De todos modos, poca cosa ocurre cuando publica este texto en 1926, año fértil para la literatura argentina (*Don Segundo Sombra, Zogoibi, Cosas de negros, Cuaderno San Martín, Días como flechas, Royal Circo, Cuentos para una inglesa desesperada,* etc.). Inadvertida, la novela *parece* una obra de juventud —sobre todo porque tanto su autor como su protagonista son jóvenes— y está un tanto oscurecida por la reivindicación que posteriormente se hizo de su autor como un existencialista *avant la lettre,* filosóficamente muy articulado como existencialista en las dos grandes novelas siguientes. *Los 7 locos* y *Los lanzallamas*; sin embargo, la apariencia de juventud es engañosa; *El juguete rabioso* tiene la consistencia de ese tipo de textos que no obstante pagar tributo a su tiempo —por sus influencias literarias y por sus temas— multiplican sus significaciones, dan todavía mucho que hablar: me refiero a *Voyage au bout de la nuit, Le feu follet, Tropic of Cancer, Le diable au corps, Les caves du Vatican* especialmente; la mención de estos títulos no es arbitraria: se hallan en *El juguete rabioso* ciertos núcleos vivenciales que se encuentran, a su vez, en todos esos libros cuyo justificado prestigio se basa, precisamente, en ellos: el acto gratuito, el suicidio, el abandono social, el cambio de clase, el dinero, la sexualidad perversa, el aprendizaje, etcétera.

Cuando *Los 7 locos* obtiene un tercer puesto en el Premio Municipal de 1930, Arlt parece disponer de grandes energías, de ambiciosos proyectos, tanto más cuanto que el realismo tradicional —del cual se lo quería hacer depender— está en esta novela muy atravesado, hasta la deformación expresionista, por actitudes complejas, modernas, profundas, que hablan tanto de una inteligencia personal, de escritor, como de la crisis de un instrumento; sin embargo, las cosas no son claras y aunque lo del tercer lugar no sea significativo en sí reproduce, en su caso, una imposibilidad bastante generalizada del medio intelectual de entender todo lo que Arlt está poniendo en movimiento, que no sería, por otra parte, más que un desarrollo de lo que estaba claramente en *El juguete rabioso.* Eso que está poniendo en movimiento es, por lo menos, lo siguiente: una más profundizada filosofía de la angustia que puede deberle bastante a Dostoiewsky en un sentido bien diferente a la deuda que con el escritor ruso tienen los boedistas, digamos la veta Berdiaev que sale del mismo tronco; un sistema narrativo que no desdeña matizar la tarea del narrador a través de "métodos" narrativos, como el del cronista que, no obstante, en su omnisciencia, rompe la verosimilitud realista; una presencia del inconsciente concebido como acción en estado puro, como surgimiento, como fuerza, lo cual, y esto es lo importante, va más allá de una deliberación, tal como lo prueban sus ataques a Joyce en el prólogo a *Los lanzallamas*; una presencia subterránea de elementos vanguardistas, futuristas, que no sólo funcionan en las descripciones sino que las permiten y que, por lo tanto, ofrecen un ejemplo de lo rechazado intelectualmente por exquisito, fuereño, pero cuyo influjo es irresistible en el instante de la escritura.

No es que todas éstas sean meras cualidades; vistas como tales, son y fueron disminuidas desde una perspectiva ideológica de lo "correcto" y académico que, como se sabe, brilla en todos sus textos por su ausencia; tanto es así que tales "cualidades" —que para mí serían más bien irrupciones de una modernidad, de lo no condicionado en una escritura, de lo que es capaz de presentar esa escritura en su contradicción— desaparecen en los juicios "literarios" y Arlt queda consagrado como un escritor "poco" escritor, "tercer premio", un escritor que paga tributo a sus ansiedades y a su desorden intelectual, demasiado atado a sus intuiciones, al margen de lo que la lectura académica puede percibir y entender.

Si ésta es una situación bloqueada, no por ello Arlt desiste, al menos en lo inmediato: presenta *Los lanzallamas* que concluye la historia de *Los 7 locos*; escribe *El amor brujo*, temáticamente en el mismo ciclo al igual que los cuentos de *El jorobadito,* algunos de los cuales retoman sus obsesiones mayores y características; viaja y mira otras cosas, España, África; empieza a escribir teatro, acaso porque su instrumento lo lleva irremisiblemente a ello, acaso como una manera de acercarse a esa palpitación —circuito— que el público sentado en una sala puede otorgar más directamente; prosigue haciendo sus aguafuertes hasta que, en 1942, prematuramente, muere. En el momento de su muerte estamos ya en otra cosa. Fin de una época, se siente en el aire como se acaba la república liberal y fraudulenta, hay premoniciones de otras estructuras, de nuevos movimientos sociales y económicos que dejarán muy atrás formas de vida que parecían eternizadas y eternizarse.

La vieja indicación, "los elegidos de los dioses mueren jóvenes", debería haber llevado a una revaloración si no a una glorificación de Arlt; nada de eso ocurrió en lo inmediato acaso porque pocos vieron en él un "elegido", acaso porque los tiempos —los postreros mediocres resplandores de la "década infame"— no lo autorizaban, impidiendo ver más allá de la desdicha cotidiana, acaso porque su ausencia no había logrado mitigar las inquietudes que había provocado su presencia, acaso porque no se disponía de instrumentos para considerar una obra como la suya; es preciso que pasen algunos años, siete, ocho, para que Raúl Larra, el primero, inicie el proceso de recuperación de lo que parecía destinado al olvido o al paréntesis, desde una perspectiva que ligaba estrechamente todo juicio crítico a lo que el Partido Comunista concebía como tarea intelectual y de los intelectuales; no obstante esta acotación, cuya legitimidad es indiscutible, esa primera biografía sigue teniendo validez, es cálida y restitutiva, constituye la primera llamada de atención contra un silencio que prometía ser duradero. Pero el silencio, si lo hay, se rompe algo después, hacia 1954, cuando el grupo *Contorno* le dedica un número especial de su revista: el Arlt que aparece ahí confirma, por un lado, la estrategia cultural del grupo y, por el otro, es visto como "significante", como espacio de significaciones, como "lo que tiene que ver con el proceso general de la literatura y la cultura argentinas", de las cuales deviene momento de excepción, representativo. Acaso *Contorno* no vio lo que deberíamos estar en condiciones de ver ahora, pero sí vio que ese conjunto de textos no podía quedarse en la insignificancia puesto que se desbordaba de significaciones actuales, insoslayables, propias, sobre las que había que pensar; lo que *Contorno* afirmó, y eso sigue siendo válido, es que no se puede prescindir de la obra de Arlt si se quiere constituir un discurso crítico de y sobre la cultura argentina. A partir de entonces, aunque por diferentes canales, Arlt reaparece en la escena generando un interés mayúsculo, si puede ser prueba de ese interés la profusión de estudios y tesis universitarias que desde entonces y hasta nuestros días se han producido y se siguen produciendo. Quizás, a partir de ese interés, se logre ver más lejos de lo que entre todos hemos visto hasta ahora en una obra que ya es imprescindible y que se compone de momentos de una inteligencia literaria superior, que hay que entender, y momentos de flaqueza que tienen la apariencia de lo incongruente a menos que indiquen conflictos de otra naturaleza y de idéntico valor.

4) Existe una tendencia bastante generalizada a considerar que la obra de Arlt constituye, frente a la de Borges, una de las dos vertientes principales que ordenan, explican y aun rigen la literatura argentina. Aceptando provisoriamente estos dictados, la una (de Arlt) sería una obra realista, de compromiso, obra de ficción sería la otra, de evasión.

Parece evidente que esta oposición es de principio, ética inclusive, pero ninguno de sus sostenedores la deja ahí: la oposición se torna de inmediato literaria, en cierto plano se trataría de maneras fundamentalmente diferentes de entender lo que antes se designaba como estilo y ahora llamamos, más propiamente creo, escritura: la de Arlt, nerviosidad, ansiedad, asistematicidad, incorrección, calor; la de Borges, frialdad, tendencia a la perfección, propiedad, autodominio.

Pero el esquema tampoco permanece ahí, se pueden imponer a sus términos sendas connotaciones sociológicas relativas a la función que cumple la literatura, a veces declarada, a veces implícita, en los textos mismos: para Arlt —y su descendencia— se trataría por lo tanto de observar, consignar, forzar y denunciar; para Borges —y sus acólitos— de jugar, inventar, deformar y perfeccionar. Desde luego que nadie, ni Arlt ni Borges, escapa a las exigencias de la lengua y de la sociedad, pero esta manera de considerar las cosas deja de lado este fenómeno de índole general; a lo sumo puede admitir, teniendo en cuenta las exigencias de la sociedad, que las dos líneas no son eternas ni esenciales sino que hay épocas en las que predomina una sobre la otra; insistiendo, otra vez, sobre esta manera de ver, podría señalarse que en los momentos socialmente conflictivos pero donde reina cierta tolerancia expresiva, como entre 1944 y 1946 o entre 1954 y 1966 o entre 1970 y 1974, la línea Arlt, acompañada por cierto espíritu crítico o capaz de darle una salida, exhuma sus energías e impone o saca a luz sus declaraciones con más o menos creatividad o fuerza de imaginación; por el contrario, en los momentos de *statu quo* o de represión política, la línea Borges se presenta como una salida, es como si, asumiendo sus postulaciones principales, se afirmara la "libertad de la imaginación" frente a la imposibilidad de ejercer "la libertad del razonamiento"; para decirlo de otro modo, en los momentos liberales o confusos el realismo recobra fuerzas, en los momentos dictatoriales (que no faltan en la Argentina) lo hace la "evasión".

Esta fórmula, pese a sus deficiencias teóricas y a que la asumimos con muchísima cautela, no está muy lejos de lo que ocurre efectivamente si se considera, por ejemplo, el periodo alvearista para el primer caso y el uriburo-justista para el segundo y, a la inversa, el momento peronista para el segundo y el frondizi-illismo para el primero; incluso para periodos más breves: resurge el realismo populista en el corto periodo precamporista y camporista y, en cambio, durante la dictadura que le sigue la fetichización de Borges es casi absoluta.

5) Como casi todas las reducciones, ésta ejerce cierta fascinación: la prueba está aquí mismo, en los diversos niveles que se

ofrecen o se insinúan, sin contar con el supuesto principal que la nutre, a saber que promete la comprensión de fenómenos que atañen a la perturbadora y siempre apasionante relación entre estructuras políticas y decisiones formales y aun a la relación que puede establecerse entre lo que las estructuras políticas —de por sí mediadas— permiten, y lo que las decisiones formales —todavía más mediadas— pueden articular o logran articular a pesar de que dicho permiso puede muy bien ser una prohibición. El esquema de opuestos a que me estoy refiriendo implicaría, para la literatura argentina, un intento por esclarecer esta cuestión, una manera de crear un espacio crítico concreto que al mismo tiempo la resuelva. Sin embargo, en otro sentido esta bipolaridad es insatisfactoria porque deja de lado multitud de interrelaciones y de particularidades y, lo que es más grave, considera la superficie de los antagonismos impidiendo, por ese efecto de "superficie", la entrada a la acción de conceptos más rendidores, como por ejemplo el de "ideología".

De todos modos, desde una posición crítica frente a tal esquema cabría preguntarse sobre su génesis y su sentido, sobre las necesidades que satisface en el momento en que surge como esquema; además, habría que ver todo lo que excluye pues si se miran las cosas más de cerca los nombres que no son Borges ni Arlt se acumulan y se precipitan, ni que hablar de los textos, muchísimos de los cuales nada o muy poco les deben a esos dos nombres. Pero, además, la oposición se diluye apenas se examinan gestos o aparatos ideológicos comunes a las dos líneas, cierta caracterología textual que, inherente a una indudable vocación por la escritura, crea o expresa la existencia de vasos comunicantes: hay núcleos que están indistintamente en uno u otro tipo de textos, como si más concretamente Arlt o Borges estuvieran marcados por la misma impronta o, lo que es más real, determinados por las mismas búsquedas. Para dar un ejemplo digamos que si todo parte en Arlt de la "observación" (circuito que une cuentos, novelas y teatro con los aguafuertes, género que la canaliza de manera privilegiada) como desencadenante de su escritura y, a la vez, la observación sale de una mirada que se produce "durante" un desplazamiento físico, caminar por Buenos Aires, caminar, ver, pensar, escribir-describir sería la columna fundamental de su proyecto, núcleo no muy diferente al del proyecto borgiano, al inicial por lo menos, tan vinculado de todos modos a su evolución ulterior: caminar —por Buenos Aires—, ver, imaginar, desplazarse imaginariamente, escribir aunque, y ahí está la diferencia, casi sin describir.

6) Un punto que inquieta en la lectura de las obras de Arlt es las evidentes caídas en lo que podríamos llamar la "calidad expresiva". Aun tomando todos los recaudos del caso frente a esta expresión, se siente —siento— que si *El juguete rabioso* sigue reclamando por su estructura de múltiples planos y por su rigor verbal, en suma por su economicidad que no se opone a una desbordante espontaneidad, *El amor brujo* llega a irritar por su dispersión argumentativa, por su irreprimible declaracionismo, por su calculada "sabiduría", por su psicología explícita y a veces fastidiosa cuando no obvia o tributaria de convencionalismos anacrónicos. A la vez, en el interior de cada texto, de pronto nos enfrentamos con frases o incisos o núcleos que nos dejan perplejos, no sabemos qué hacer con ellos; quizás eso es menos evidente en *El juguete* y en *Los 7 locos* y *Los lanzallamas*, pero resulta casi fatigoso en cuentos como *El escritor fracasado* y, ni que hablar, en *El amor brujo*. No es así, en cambio, en los cuentos de *El criador de gorilas* (que recuerda simultáneamente la *Historia universal de la infamia,* de Borges, y las novelas cortas de Horacio Quiroga) ni en las obras teatrales que restituyen, a ratos, la atmósfera de segundos planos característica de obras mayores o de cuentos tan sugerentes como *Esther Primavera* y *Las fieras*.

Al sacar de la cuestión a *El criador de gorilas* advierto que la cuestión está planteada en una sola veta o fundamentalmente en una sola veta: a través de planteamientos de tipo moral y psicológico; en efecto, las referidas caídas se producen cuando cierta moral se apropia de la escritura y la rebaja, le quita nerviosidad para otorgarle a cambio sentenciosidad; esa moral no sólo es limitada, lo que no importa como tal en los textos principales, sino que resulta intrascendente en los secundarios o en los momentos menos felices; esa moral consiste, *grosso modo*, en una suerte de misoginia que no puede ser ejercitada sino mediante una duplicidad que se torna canallería; las mujeres son un peligro, buscan casarse aun sin amar, buscan, en suma, domar al macho que, para defenderse de esa monstruosa cacería, rehace estrategias incesantemente, piensa sin pausa, analiza intenciones, se percibe castrado o a punto de estarlo, se defiende hiriendo, ensuciando, etc. Transcriptos tal cual, esos principios hacen de los textos fragmentos de una ética que revela su fragilidad (*cf. Noche terri-*

ble); transformados, alcanzan la vibración de la angustia, se sitúan en un plano superior, instauran una dialéctica del "secreto" que explicaría la angustia y en cuya búsqueda las sombras y la confusión avivan los textos y los enriquecen.

En cuanto a lo psicológico, la evolución es también notoria: en *El juguete* hay "almas" tortuosas, a la rusa, oscuros repliegues que sugieren, sin explicarlo, la acción de un inconsciente —donde toman forma las culpas— que opera y produce: necesidades explicables, tendencias oscuras, estructuras pulsionales presentadas, además, con rigor matemático, como por ejemplo la escena del manicomio en *Los 7 locos*: Ergueta tiene una visión, ve a Cristo del que recibe poderes, se descubre que puede hacer hablar a los mudos, ver a los ciegos, pero cuando los otros locos, cazurros, lo desafían a que resucite a un muerto, el desdoblamiento omnipotente que definía su esquizofrenia da paso a la oscuridad total; es sorprendente después, y tributo quizás a un psicologismo que no tardaría en hacer estragos en la literatura y la sociedad porteña, la farragosa descripción de comportamientos, la interminable definición de "caracteres", las ominosas explicaciones de actitudes, el técnicamente fastidioso doble plano del "dijo mientras pensaba o sentía. . ."

Este fenómeno, por más sumariamente que sea presentado aquí, requeriría de alguna explicación; por un lado, no podría dejar de invocarse el hecho decisivo de la producción cotidiana de los aguafuertes: la observación constante, que en el marco del periodismo dio lugar a fórmulas felices, divertidas, agudas, iluminadoras, llevada al plano "literario" pudo ser objeto de una operación ennoblecedora que no resultó en todos los casos a causa, precisamente, de la voluntad de ennoblecer; si en el aguafuerte la observación es operada según los medios propios, vehiculizada por la máquina de escribir, en la novela se somete a una "manera" de hacer psicología que se vincula, a su turno, con lo que está en el aire, con lo que parece ofrecer una salida intelectual, con lo que se juzga más "serio" y adecuado para la "trascendencia" de la novela. Y lo que está en el aire es una caracterología de recentísima introducción, un psicoanálisis rudimentario que exhibe triunfales explicaciones y, sobre todo, una generalizada incertidumbre acerca de las modalidades propias de un grupo social, para lo cual dicha caracterología y dicho psicoanálisis resultan instrumentos idóneos. Por otro lado, puede haberse producido un agotamiento, argumento que tiene su respaldo en el hecho de que

Arlt termina por abandonar la novela o la narración, el cual agotamiento tendría su fuente más que en su "manera de vivir" en la incapacidad de lectura propia del medio al que invitó a leer sus primeros y tempestuosos textos: es sabido que la lectura es condición para el desarrollo de una tarea y su ausencia garantía de una asfixia o de una abolición de instrumentos intelectuales.

Visto por este lado, sea en sus logros, sea en sus caídas, Arlt nos propone otra cosa más, otra riqueza: se nos aparece como el productor de una textualidad que "dice" acerca de lo que era la Argentina que vivió y pretendió entender: esa dimensión aparece en lo que "es" y en lo que "no es" en sus textos más que en la "representación" que haga en sus textos de lo que era la Argentina. En suma, la Argentina que aparece es la que nosotros podemos leer reuniendo todo, lo que sigue vigente y lo que ya no convence, y no las imágenes que tienden tan sólo a "mostrarnos" cómo era ese país o la ciudad de Buenos Aires o sus gentes más notables y notorias.

7) De todos modos la obra de Arlt proporciona una imagen clara y diversa de cómo era la Argentina, Buenos Aires y sus gentes; no es un catálogo de tipos (eso está en los *Aguafuertes*) sino un sistema de atmósferas o conflictos que tienen la forma de un análisis de un momento histórico; esencialmente se concentra en las clases medias pero con un matiz, están frustradas, fracasadas, viven el instante dramático de su marginación, tienen que decidirse a asumir una derrota y no lo pueden hacer; esa tensión —que toma forma en núcleos narrativos— necesita de marcos adecuados para inscribirse y explicarse; ello genera descripción de ambientes que son los grisáceos de una ciudad que está creciendo al impulso de una prosperidad que contiene los gérmenes malignos de una crisis; brotan los oficios y las costumbres, surgen los ambientes específicos y los lenguajes característicos, son imprescindibles las referencias topológicas, sobreviene, a partir de esa intención fundamental, una diversidad que, convenientemente establecida y clasificada, puede dar lugar a un documento sobre la vida argentina y porteña entre 1920 y 1940. Naturalmente, la obra de Arlt no se reduce a eso, pero "eso" habla tanto de una unidad, en un nivel, así como de sus límites.

8) ¿Pero en qué sentido la obra de Arlt no se reduce a "eso"? Me animo a señalar que se trata en sus textos de una vibración

"textual" que se tiende hacia nosotros —hacia nuestra capacidad de lectura —más allá del documento que inevitablemente arrastra aunque sin que lo que el documento enseña quede anulado. A la vez, ese "más allá" es, en mi opinión, una suerte de "residuo" escriturario que todavía forma parte de nuestras posibilidades de escribir. Aun sin declararlo de este modo, es tal vez este residuo lo que constituye el objeto y la materia del redescubrimiento de Arlt, su exhumación, que da no sólo para los necesarios homenajes y reconocimientos sino para ordenarnos frente a las modalidades de la escritura argentina, muestra, como lo ha señalado Ricardo Piglia, de una "materialidad"; en ese sentido, Arlt se incorpora a una historia de la escritura argentina, pone de relieve la posibilidad de entender un concepto como éste y, al destacarlo mediante lo que hay en él de ejemplificador, de hacerlo operativo, o sea activo, o sea encauzador, se abre hasta nuestro tiempo haciéndole recuperar una eficacia que parecía ensordecida en el suyo, subterránea, en preparación.

9) Insistiré sobre la relación entre los aguafuertes y las novelas y cuentos: hay un continuo innegable entre unos y otros (*cf.* "Filosofía del hombre que necesita ladrillos" y *Pequeños propietarios*) aunque tal relación no se manifieste temáticamente en todos los casos de manera tan clara como la que está en el paréntesis; algunos aguafuertes preceden a los cuentos, en otros casos es al revés; la hipótesis es que los aguafuertes constituyen un campo previo, de investigación y las novelas, cuentos y teatro, el plano de la elaboración, del desarrollo; no hay problema cuando los aguafuertes han sido escritos antes: se puede suponer que el material allí recogido permanece y toma otras formas con el tiempo; cuando es al revés podría decirse que hay una especie de retroacción según la cual la obra entera de Arlt es un espacio de interrelaciones necesarias, que terminan por completarse; en ese caso se podría decir, con los psicoanalistas, que hay un *après coup* según el cual aparece con toda nitidez el circuito "recolección-elaboración".

¿Pero en qué sentido elaboración o, más bien, elaboración de qué? Pues de lo que en los aguafuertes, por su arrastre costumbrista, es presentado como "tipos" nacionales, pintorescos, representativos, los mismos que en la narración o el teatro devienen "personajes". La operación de pasaje se lleva a cabo mediante el conocido procedimiento de la "subjetivación" según la cual mediante un nombre y una historia los rasgos del "tipo" se concentran; a su vez, la subjetivación se realiza apelando a ciertos tópicos psicológicos que la permiten o bien a elementos de experiencia personal proyectados sobre el tipo. Pero la operación no se queda ahí: los personajes así constituidos son, de todos modos, "representantes" pero no de los "tipos" de los que salen (lo que habría dado un mero costumbrismo literario) sino de una instancia histórica que podríamos designar como la "crisis"; por lo tanto, los personajes serían articulaciones, concreciones, momentos de una investigación sobre la crisis si seguimos entendiendo que los aguafuertes no se quedan en mero borrador, si los consideramos como formando parte, en un nivel, de una obra.

Tal vez, por eso mismo, los personajes de Arlt son, como lo declara la crítica, "ambiguos", ya que chapotean en las ambivalencias producto del desajuste entre esencia y apariencia. Dicho de otro modo, los personajes son ambiguos porque deben "representar" una instancia social compleja para lo cual no están demasiado preparados ya que a la ambivalencia señalada, estructural, que los corroe, se le sobrepone casi siempre una ambivalencia declarada, expresada: Erdosain es exactamente esa superposición en su forma más depurada, Balder en su forma menos sutil. Pero es en ese juego de superposiciones que adquieren su densidad de personajes y su curso imaginario, o sea que adquieren una lógica de la acción que no sólo muestra su identidad sino también sus nudos, sus *relais*.

Generalizando, podríamos decir que el juego imaginario es posible porque, traspasados por la "crisis", los personajes siguen invocando valores puros de índole individual que persiguen idealmente a través de la degradación (Astier delata para redimirse de la abyección que ve a su alrededor y que lo acecha, Erdosain mata para liberarse de la degradación en la que los otros estarían cómodos y que amenaza con arrastrarlo, el relator de *El jorobadito* enloquece y mata, el de *Esther Primavera* humilla, etc.). En ese juego entre pureza y degradación lo que se pone siempre de relieve es la degradación del otro, visto desde la perspectiva del narrador, lo que sin duda "moraliza" la técnica narrativa: quizás haya en esta observación un elemento para comprender la evolución de Arlt hacia el teatro, que haya buscado, justamente, liberarse de la presión narrativa, moralizante y, por consecuencia, limitativa. Sea como fuere, esa tensión entre pureza y degradación encuadra el juego de la ambivalencia y dirige la imaginación, a veces (como en *Los 7 locos* y *Los lanza-llamas*) robusteciéndola, a veces (como en *Escritor fracasado* y *El amor brujo*) debilitándola; correlativamente, la ambivalencia da lugar a la ambigüedad que sería, sin duda, un efecto de lectura. Sea como fuere, todas estas líneas muestran un rigor "realista" bastante ortodoxo según el cual el personaje, como lo ha enseñado Luckacs para la novela en general, sale de la degradación en busca de valores puros que no logra alcanzar.

10) El caso de Arlt es privilegiado, como he intentado ponerlo en evidencia en las consideraciones precedentes, en diversos sentidos; quiero destacar ahora uno: la claridad con que se puede distinguir en sus textos mejores la diferencia entre "acción ideológica" y "visión del mundo"; naturalmente, tal distinción debe hacerse en un plano abstracto, después de una lectura y sólo puede llevarse a cabo si previamente se ha establecido el alcance de cada uno de esos dos conceptos, hasta dónde se incluyen y hasta dónde pueden tener un campo autónomo; para no ser en este momento excesivamente prolijo, diría que el campo propio de la "acción de la ideología" es el sistema de operaciones que dan lugar a la escritura, entendida, ciertamente, no sólo como la materialidad elemental de la "inscripción" sino como una organización productiva en primer y segundo grado; en cambio, lo que llamo ahora "visión del mundo", acaso en una perspectiva diltheyana —que indudablemente y de todos modos es tributaria de instancias ideológicas, que confluyen en y materializan su formación— se hace presente como un "antes" configurado que "aparece", sólo en el segundo grado, en lo ya escrito que transporta valores, imágenes, representaciones.

En un trabajo que hice hace un tiempo sobre *El juguete rabioso* intenté señalar los alcances del concepto de "acción ideológica"; ahora desearía proponer algunos matices del otro, relacionados con los textos arltianos; diré, en ese sentido, que la "visión de las cosas" que no cuesta demasiado trabajo discernir en dichos textos se vincula con cierta exaltación del mundo tecnológico, moderno y, correlativamente, con su elevación a categoría destructora, diabólica; entiendo, si un filme como *Metrópolis* (1926) representa una corriente de pensamiento, que dicha "visión de las cosas" está relativamente difundida en esos años, al menos en capas intelectuales preocupadas simultáneamente por el presente y el futuro del capitalismo así como por la suerte de los pueblos en esa encrucijada. En el plano textual, el frecuente, abundante y metafórico geometrismo, metalizante, que vehiculiza casi todas sus descripciones —que por otro lado puede ser relacionado con un residuo "futurista"— está como implantado en Arlt y parece, al mismo tiempo, definir un mundo que no sería otro que el de la técnica, sinónimo de modernidad indispensable, fábrica y automatización, algo inaudito desde una mentalidad rural o barrial, todavía contemporánea a la inmigración; no obstante, los mismos elementos instauran la instancia de la destrucción que se expresa mediante similares metáforas maquinísticas recurrentes; una de las más notables es la de *superdreadraught*, que en su irresistible y majestuoso desplazamiento sinonimiza la pesada "plancha de metal", metáfora, a su vez, de la angustia que aplasta a los desgraciados hombres. Lo que hace escribir, en suma, pues alimenta las metáforas descriptivas, es la fuente de la aniquilación, dialéctica que, por otro lado, alude a la situación de la escritura, entre la producción y la muerte, y al destino social, entre el desarrollo de sus fuerzas y la imposibilidad de dirigirlas humanamente.

11) Más o menos en el mismo ámbito dialéctico se puede ubicar el también fácilmente reconocible choque entre la desbordada tendencia a la abstracción y la visión casi sarcástica de lo concreto: la "Revolución" sería un tópico representativo de la primera y la "Academia Revolucionaria", con todas sus minúsculas y por lo general divertidas precisiones, de la segunda. En medio de lucubraciones de lógica filosófica y política impecable, el Astrólogo se preocupa, remedando a un Lenin monolítico, por saber cómo se abastece de agua una ciudad, quiénes recogen las basuras, etc.; en este contexto adquiere ribetes geniales la cuestión del financiamiento de la "revolución" mediante la instalación de prostíbulos.

Quizás esa alternancia de los dos niveles, en cada uno de los cuales hay momentos de gran felicidad imaginativa, sea la condición para hacer entrar el conjunto de preocupaciones características de los miembros de la clase intelectual pequeño-burguesa-izquierdista de la década del 20 en la Argentina; por eso, aunque sin desvirtuar para nada su intrínseca cualidad de hecho literario, las dos novelas principales, *Los 7 locos* y *Los lanzallamas*, aparecen como una parodia, con estructura policial, de un "tratado" de política en el que convergen tópicos políticos contemporáneos a Arlt y todavía actuales, desde las evocaciones y análisis de la revolución rusa hasta los zarpazos imperialistas en América Latina, Panamá, Nicaragua, etc. En el mismo sentido, todas las posibilidades de análisis político desfilan por el discurso del Astrólogo, verdades conocidas tanto como fantasías delirantes, infantiles, materialismo y mística, comunismo y fascismo en un vértigo que el discurso ordena sólo como inventario de lo que "interesa" a un grupo determinado de personas en un momento muy particular del desarrollo cultural de un país; dicho de otro modo, hay algo así como un resumen de lo que podía preocupar a un hombre de izquierda a fines de la década del 20, así como de las "soluciones" que podían andar divagando por las mentes culpabilizadas de personas que anhelarían y preconizarían un cambio sin atinar a dar los primeros pasos para iniciarlo, desconfiados e ilusos, gente desesperada, además, porque el único cambio que realmente se avecinaba prometía por entonces un fascismo o, al menos, un autoritarismo que habría de tener mucho futuro. Por eso no sorprende, en esas dos novelas escritas entre el 28 y el 29, la inminencia de una asonada militar que en la realidad se produjo en el último tercio del año 30, premonición confirmada; la literatura, otra vez, entendiendo la política con más agudeza que la política misma.

12) Como en toda literatura de caminata o de viaje, en la que el desplazamiento es necesario para una observación que al transcribirse convoca los poderes de la escritura, la mirada cumple una función básica, es una mediación necesaria; obviamente, hay que ver primero para describir después, pero no se trata sólo de eso sino de lo que la mirada, por su propia carga, clasifica, selecciona, jerarquiza. Probablemente se pueda advertir esta acción en toda la literatura de filiación naturalista en la medida en que hay una identificación, o más bien una serie de identificaciones, entre mirada, punto de vista, narración y, en consecuencia, una distinción nítida entre sujeto y objeto. En el caso de Arlt esta identificación aparece, como tal, modificada o mediatizada, sobre todo en Los 7 locos y Los lanzallamas, por cuanto el narrador es alguien a quien le contaron los hechos, es un transcriptor y no un observador, lo cual, por consecuencia, lo obliga a referir en todo caso miradas de otros o le impide, lisa y llanamente, toda tematización de la mirada; en El juguete rabioso y en casi todos los cuentos, el hecho de que haya un relator en primera persona

sitúa en el primer plano, tradicionalmente, la mirada, lo cual ni es de extrañar ni de destacar; lo que sí sería bueno destacar es que en esos relatos la mirada asume sus limitaciones y produce una suerte de cambio cualitativo; así, lo que se ve plenamente es descripto en lo concreto, es siempre un afuera perfectamente mensurable; por el contrario, detrás de las paredes que la mirada no puede atravesar, o sea en un adentro, la descripción se construye con suposiciones que, en general, se alimentan de lugares comunes, niñas de blanco, pianos, felicidad, lujo, adornos, etcétera.

Choque, ciertamente, entre el afuera y el adentro pero que no tiene las características espiritualistas que asume en algunos escritores realistas-naturalistas, por lo menos de la manera radical que se da en un Cambaceres (afuera: sordidez, materialidad; adentro: espiritualidad); en Arlt el choque se impregna de matices ideológicos más variados, al menos para una lectura; por ejemplo, el adentro conjetura una vida interesante, lograda, que transcurre excluyendo brutalmente a los que están afuera y que, por lo general, aparecen como condenados a esa exterioridad, afuera como infierno de vagancia, de apetencias no satisfechas pero a cuya satisfacción no se renuncia así se deba apelar para insistir a la humillación, a la canallada o a la traición; digamos, para completar, que las mujeres suelen ser las vestales de esa interioridad, a condición de que sean "de la vida", no horribles burguesas, y ello las hace inabordables para los que vagan por el infierno exterior: correlativamente, esos excluidos son los que pueden "conocer" e imaginar, encarnan lo concreto, la dramática de la vida; segunda condena, al conocimiento, que explicaría tal vez el juego constante, perverso, entre la idealización y el denigramiento, balanceo que se encuentra, por otra parte, con la "psicología del porteño", "el hombre que está solo y espera", producto típico y expresión de la década infame; además, en el plano individual se produce una inversión de los términos: la interioridad de los sujetos, aun la de los condenados a la exterioridad, es como una caldera hirviente, limitada por la exterioridad o la otredad, no comprendida en su necesidad de emitir esos gases, de modo tal que, reprimida, termina por estallar: Erdosain asesina a la Bizca en la interioridad de un cuarto, en una cama, en la oscuridad, conclusión o cierre definitivo del circuito adentro y afuera.

Es más, podría decirse que se trata de una doble estructura o, mejor dicho, de dos estructuras sobrepuestas, ahogándose una a la otra en el espacio de un alma o sea de un personaje que se caracteriza porque arrastra esta sobreposición; ello lo lleva a situarse bajo un manto que podríamos denominar "existencialismo" porque los tópicos mediante los cuales se manifiesta se recortan sobre la topología del existencialismo; a su vez, y por último, esa impronta filosófica, prematura, no formulada todavía en tiempos de Arlt por los maestros que la organizarían y la convertirían en una explicación, exige su tematización, como una necesidad; por eso, el recurso al crimen, al suicidio, a la angustia, a la soledad, al renunciamiento, a la asocialidad, a la traición, al acto gratuito, resulta casi natural, se desprende suavemente de un juego de estructuras profundas que van produciendo congruentemente manifestaciones en planos más visibles o asibles o reconocibles.

13) Los textos de Arlt pertenecen a lo que se ha dado en llamar "literatura urbana"; es más, cuando aparece *El juguete rabioso,* en 1926, la novela de la ciudad, en ascenso, se enfrenta con la culminación de la novela rural, *Don Segundo Sombra,* en declinación. No es que antes de esa fecha y ese texto no hubiera habido novela de la ciudad: ese texto marca el final del proceso de desplazamiento de la palabra literaria del campo a la ciudad y propone una interpretación de la vida urbana con recursos más variados, en planos múltiples, comparando con el maniqueísmo de Manuel Gálvez, el sencillismo de Fernández Moreno, o el tipismo del sainete, por otra parte tan rico e ilustrativo. Curiosamente, la imagen de la ciudad, cuya fuerza se instala en la escritura misma de Arlt, tiene de pronto aspectos de una vejez de fondo, invicta pese al modernismo de la tecnología y a las pretensiones urbanísticas, de metropolitanismo: ciudad cuyos chirridos metálicos y redes filamentosas no logran disimular una miseria esencial, una *struggle for life* primitiva en la que los protagonistas patalean en la inopia a fuerza de haber pretendido o pretender una gloria que la ciudad moderna podría deparar.

Tal vez esa insoportable falta de acuerdo entre lo viejo y lo nuevo sea la condición para escribir la ciudad en la medida en que hay desgarramientos, discrepancias, enfrentamientos materiales que se oponen a la unilateral placidez campesina, así sea la placidez en la exposición, en el ritmo. Por esta razón, no se podría decir que Arlt "emplea" tal o cual recurso sino, al revés, tal vez "es empleado" por tales y cuales recursos que se le imponen como necesarios, como emanados de la situación misma en la que se sitúa su tarea; en este marco podemos situar la problemática del lenguaje y, correlativamente, de la incorrección.

En cuanto al lenguaje, pocos pudieron, como él, entender de qué manera diversas capas del habla urbana podían entrar en una escritura que, desde el inicio, deseaba trascenderlas (obtener la gloria, el reconocimiento): el lunfardo, el coloquialismo, la llaneza, etc., todo lo cual conforma una actitud que no sólo la Academia podía condenar sino que atacaba al academicismo; también Borges se preocupó por el "idioma de los argentinos", lo defendió frente a Américo Castro, lo exaltó, pero su manera de asumirlo fue, considerando a Arlt, indirecta, esencial; para Arlt ni siquiera era un objeto problemático: vivió ese idioma empíricamente, como una manera de desarrollar una identidad que no podía ser entendida fuera de la ciudad, del sentido que otorga la ciudad a todas las cosas, las gestiones y las palabras. En ese sentido, la "corrección" es un obstáculo que se convierte en traba ideológica y, en consecuencia, escena de conflictos más amplios. Podríamos ver, finalmente, en la textualidad de Arlt, la materia y la oportunidad para entender la escritura como una actividad que se rellena de todas las demás y manifiesta su conflicto, es decir su historicidad.

14) Digamos que Arlt hizo entrar en su escritura la significación que abría la existencia compleja de la ciudad; fue uno de los más lúcidos en ese sentido y, en ese sentido, es un escritor moderno y revolucionario: a través de sus textos arroja claridad, ilumina un proceso. Hoy, probablemente, estemos viviendo otro momento de esa relación que la escritura recoge: si en un momento el discurso novelístico o poético asumieron la mayor responsabilidad en la tarea de flexibilizar una escritura penetrada por la ciudad, en vista de la desaparición del sainete, en la medida en que irrumpieron en ella nuevos elementos humanos, el discurso novelístico y poético parecen entrar en una crisis.

El conflicto, en momentos de Arlt muy evidente, entre inmigrantes y argentinos de viejo cuño, entre clase obrera incipiente y oligarquía, fue cambiando de forma en la medida en que hombres del interior se ciudadanizaron y modificaron el concepto, todavía no del todo consolidado, de clase obrera, con las correlativas consecuencias políticas y sociales; siendo otra la ciudad otra debía ser la respuesta escrituraria, otros los problemas para hacer entrar en ella lo que era la forma de la ciudad: momento de indecisión, de interpretación, explica, simultáneamente, el lento resurgir de Arlt y las escasas respuestas nuevas. En el momento actual estamos en presencia de una nueva forma del conflicto, desde el momento en que la tendencia a hacer de las ciudades zocos, mercados de bienes producidos en otras partes,* implica cambios que hacen anacrónicas las viejas interpretaciones; para dar un solo ejemplo, que la escritura urbana actual debería tener en cuenta, el viejo lunfardo, tan expresivo, lenguaje de ladrones, está siendo reemplazado en el habla por una jerga carcelaria inventada por gendarmes y militares, flor y fruto de la represión que imprime su sello a la búsqueda que de sí misma hace permanente la palabra de una gran ciudad. Por eso, quizás, y oscuramente, la lección de Roberto Arlt tiene vigencia: hacerse cargo de, asumir un conflicto desde una zona que parece ser —la ciudad— la que encarna el sentido mismo de la historia de un país.

---

* Me refiero al periodo 1976-1980, en el que una política económica antiproteccionista entregó el consumo a la importación de bienes elementales liquidando la industria nacional mediana.

RITMO Y ESPACIO: DE LA ANEMIA PERNICIOSA A LA DEMOGRAFÍA DESBORDANTE

A Arturo Azuela

EL TEMA general de esta Mesa, "Nuevos Modelos de la Novela Latinoamericana",[1] tiene un alcance tan amplio que si se lo respeta no se podría hacer otra cosa que una enumeración, ya sea a causa del plural que a eso incita, ya a causa de la efectiva diversidad de *maneras* que caracterizan, hoy por hoy y felizmente, a la narrativa latinoamericana.[2] Sin embargo, como el recuento no es mi fuerte y la historia es mi debilidad, he pensado que más cercano a mis posibilidades sería no rechazar —pese a que rechazo la enumeración— algunas cuestiones que se suscitan muy naturalmente cuando se acepta una invitación que, como ésta, es también un desafío en la doble instancia en la que yo, como varios de los amigos que también se encuentran aquí, me muevo, a saber, ser escritor y universitario al mismo tiempo.

Sobre esto dos palabras: suelen presentarse antagónicamente estas dos formas del trabajo literario; en un caso se exalta la "creatividad" sin condiciones, en el otro el "razonamiento" sin desmayo; en la medida en que se pueden extraer buenos frutos de ambas provincias siempre resulta apasionante escuchar a los convencidos de una u otra y no hay reproche; en mi caso, no veo conflicto y pienso que lo que suelo decir descansa sobre un pasaje permanente de uno a otro campo, me resultaría forzado afirmar que en mi trabajo de escritor no soy deudor de mis reflexiones sobre la labor de escritor de otros, pienso que sería sencillamente anacrónico declarar que como escritor estoy incontaminado de mundo exterior así como no se sostiene pensar que la labor crítica e intelectual escapa a las leyes generales de la escritura. Por lo tanto, mis reflexiones de ahora, que aspiran a la dignidad de un

---

[1] Foro Internacional de Escritores en Notre Dame, Indiana (EUA), el 3 de marzo de 1982. Un extracto fue publicado en la *Revista de Bellas Artes*, núm. 3, México, 1983.

[2] Véase el "Prólogo" de Ángel Rama a *Novísimos narradores hispanoamericanos en marcha*, México. Marcha, 1981.

texto que a la vez esclarezca mis propias vías de acción, pretenden también iluminar en algo el exterior, el terreno en el que toman forma tendencias que no por constituirse sobre otros textos me excluyen.

Además, por más improvisada que sea una respuesta, se constituye fatalmente sobre materiales sedimentados y los actualiza al calor del estímulo momentáneo y actual; esto tiene, en mi caso, un inconveniente serio y es que todo lo que vaya a decir sobre estos cruces se refiere demasiado a mis intentos históricos de entender algunos temas literarios, lo cual constituye un reclamo difícil de sostener tanto por lo que son sus resultados como porque vivimos en medio de una marejada imponente de escritos, que nos empuja de costa a costa, en el interior de una demografía ideológica y grafológica implacable, lo cual no da a nadie tiempo para alentar y menos todavía para tener en cuenta de qué manera voy a aludir a preocupaciones mías de vieja data y que ahora estaría matizando o modificando.[3] Lo que importa es el proceso y sus borradores y la confianza, en este cruce, de que algo se está levantando como idea, algo para interesarme en su desarrollo.

Pues bien, para empezar hay que toparse con la difundida cautela respecto de términos tales como "modelo"; para muchos —no es, como se verá, mi caso— cada escritor construye un modelo que le sirve sólo a él y si bien no por eso está fuera de una teoría general de la narración, lo que vale es su personal inflexión de ambos conceptos; como lo afirma Jorge Edwards, no importaría demasiado la reflexión teórica de los escritores sino esa transformación en singularidad de la irrenunciable historicidad de cada gesto de escritura.[4] Es cierto, sin duda, en la medida en que compartamos esa idea de la radical singularidad de los textos que son, acaso más que las personas, individuos, pero también lo es el hecho de que de pronto, en un momento determinado, esas singularidades pueden ser agrupadas por algunos rasgos que se les ven comunes, del mismo modo que los individuos pueden ser agrupados, sin merma de su individualidad filosófica, en clases, en

---

[3] Quien quisiera verificar este punto podría ver, por ejemplo, *Procedimiento y mensaje en la novela*, Córdoba, 1962, *El no existente caballero*, Buenos Aires, 1974, *Las contradicciones del modernismo*, México, 1978, etcétera.

[4] Jorge Edwards, "El espacio de la novela: un testimonio personal", *Revista de la Universidad de México*, Vol. XXXVII, Nueva Época, núm. 10, febrero de 1982, México.

tendencias, en prácticas y aun en gustos o en maneras de vestir y de comer. No deberíamos, en consecuencia, negarnos a una reflexión sobre "modelos" de tipo y alcance general que pueden estar organizando la producción de una época y no por afán clasificatorio o taxonómico sino, como en mi caso, para entender qué va surgiendo en un momento determinado y qué relación tiene, con eso que va surgiendo, mi propia tentativa. Al menos ésas son las líneas que me atraviesan y me permiten tener la esperanza de obtener algún resultado en el futuro desarrollo de estas reflexiones y estos temas.

Para comenzarlas, el modelo con que se inicia la narrativa latinoamericana moderna y que se prolonga hasta hace poco; diría, más aún, que a pesar de estar casi vencido, todavía guía ideales narrativos difundidos. Ese modelo es el del naturalismo o, si se quiere, el del realismo naturalista que impone, desde Europa, un tipo de relato concebido como un "es así", casi como una segunda naturaleza y aún como lo natural mismo. El elemento central de dicho modelo es el "personaje" en torno al cual se teje el relato entero que, de este modo, es sentido de manera sinecdótica. Encuentro en las "Notas manuscritas para L'Argent", de Zola, un resumen de esa filosofía cuando dice: "Sería preciso entonces encontrar al hombre a quien ella ame, entre mis personajes. Saccard sería el indicado, pero no es joven y apuesto. Y además es un bribón. Es difícil que ella se apasione por él. De ser él, ella habría perdido con seguridad su dinero en alguno de sus negocios; después se habría ubicado como administradora en su casa; se habría acostado con él, y él la habría engañado con la mujer comprada. Luego, es afectada por el desastre y es ella quien terminaría el libro con la esperanza. . ."[5] Objeto de búsqueda, el personaje es lo que preocupa al novelista y en torno a su construcción reúne materiales de observación que luego organiza en secuencias, series, conceptos, etc. Pero esa búsqueda no necesariamente es de conversión de "personas" en "personajes" a través de la alquimia imaginaria sino, a su vez, y fundamentalmente, de "construcción" del personaje mediante técnicas inventariales y censales o de experimentación que siguen los procedimientos con que la sociedad misma, en un momento determinado, se reconoce, claro que a través de un trabajo de escritura en el que todas las categorías se sintetizan. Pero dicha construcción no es indiferente; el per-

5 Publicado en la revista *Sitio*, año I, núm. 1, Buenos Aires, 1981.

sonaje es "individuado", por decirlo de algún modo, proceso o intento que marca el relato todo, de manera tal que el relato aparece regido por una obsesión de identidad como conclusión de todos estos desplazamientos.

Quiero aprovechar esta circunstancia para adentrarme en lo que este activísimo movimiento puede significar ya que la cuestión de la identidad, en su perspectiva edípica, podría ser inherente a todo relato. En este caso y en esta situación, el predominio de una parte, el personaje, por sobre el todo, el relato, y el reconocimiento de que el todo, el relato, está recorrido y transcurrido por una búsqueda de "individuación", respondería a un extremo cuidado por el "individuo", socialmente considerado, en una época, concretamente el siglo XIX, en la que una anemia perniciosa acecha a la sociedad, y la humanidad, la europea al menos, tiene la sensación de que podría no progresar lo suficientemente rápido, que la vida de los individuos es al mismo tiempo —para una conciencia lúcida y humanitaria— precaria, y por eso valiosísima; la lucha de clases ha desequilibrado las viejas ecuaciones humanistas desde los comienzos del siglo XIX, pero su fundamentación misma, en los saintsimonianos, los anarquistas y los marxistas, recae en el individuo al cual se lo quiere salvar de los peligros de extinción que, en este caso, por vía de la explotación laboral, lo asedian; si a ello se le suma el colonialismo, las crisis de alimentos, las enfermedades sociales, etc., se puede muy bien tener la impresión de que la vida de cada cual es inapreciable y de que en la realidad no se puede velar por ella, de tal modo que en la imaginación se trata de hacerlo poniendo en el personaje el predominio, toda la fuerza de una construcción que, ya se sabe, constituye una de las formas más tradicionales y eficaces de lucha contra la muerte. En suma, centrarlo todo en el personaje es responder, en lo imaginario, a una preocupación por salvar al hombre amenazado en la sociedad. Quizás por esa razón, muchas novelas del ciclo realista-naturalista tienen un personaje "médico" que implicaría no sólo la presencia del ingrediente científico encarnado y dramatizado, como tobogán para hacer entrar consideraciones filosóficas centrales, sino también la preocupación por el cuidado, el diagnóstico y, eventualmente, el remedio providencial para evitar la muerte de otros personajes y, en especial, los protagonistas; más que el desarrollo de la burguesía, que se ennoblece con las "profesiones" liberales y las quiere exaltar, el personaje médico, recurrente, manifiesta la voluntad de proteger la vida del mundo imaginado, voluntad correlativa a las enormes dudas y temores acerca de la preocupante demografía.

Desde ese punto de vista —y me inicio en esta derivación estableciendo un contrapunto con mis preocupaciones de *El no existente caballero* acerca del establecimiento de una tipología de personajes—[6] se podría hacer una historia de los personajes considerando los esquemas defensivos reales —en el sentido de una preservación— desde los que se los construye, a saber cómo se los inviste concretamente estableciendo homologías en negativo con las amenazas de la sociedad. Así, por ejemplo, en el mundo medieval la masa no interesa, pueden sus miembros morirse o vivir que da lo mismo a quienes pueden sentir los peligros de la sociedad y que son, no es un misterio, los señores: por esa razón, los señores son protagonistas exclusivos y trágicos y también dilemáticos, lo que implica un principio de "psicologización" que desaparece en épocas posteriores, cuando los miedos se disipan porque la ciencia y la razón están por aclararlo todo; los personajes del relato renacentista italiano, por ejemplo, pueden tener otras cualidades pero no tienen el espesor psicológico que viene siempre que el temor lleva a la contradicción y a la pregunta, como ocurre con los de la picaresca española.

Si el modelo realista-naturalista se "naturaliza" en países como Argentina, México y otros, no es seguramente por las mismas razones que en Europa, ya que el problema demográfico tiene características diferentes; es posible que en América no se trate de anemia pero es seguro que al menos hay preocupación en parte, en el sur, porque no hay crecimiento, en parte, en el norte, porque lo que crece es el sector indígena, que es y no es humano al mismo tiempo para la conciencia "nacional" de mediados del siglo pasado en adelante, por lo menos en la cabeza de los dominadores; defender al "personaje", zozobrar con él, enfermarlo y curarlo y a veces dejarlo morir expresa, de diferentes modos, una preocupación si no por la totalidad del destino de la población al menos por el sector que no está demasiado seguro de que su proyecto tenga bases sólidas en el sector poblacional; los sujetos, por lo tanto, preocupan y la novela se desarrolla como una nueva estratagema para poner en el papel el temor del naufragio y así conjurarlo; si la novela no tiene tradición ni arraigo en el periodo

6 Ver Noé Jitrik, *El no existente caballero*. La idea de personaje y su evolución en la narrativa latinoamericana, Buenos Aires, Megápolis, 1975.

colonial, su ganancia de territorio en la época independiente no podría explicarse como un hecho natural sino como una respuesta imaginaria a algo muy íntimo y propio del interior de una cultura en construcción y llena de preguntas y vacilaciones. Ese modelo, entonces, cubre nuestro proyecto literario a pesar, desde luego, de las realizaciones particulares y la originalidad de determinados individuos narrativos. ¿Se interrumpe como modelo predominante?

Por de pronto, no podríamos decir que es reemplazado por otro sino que sufre una "refutación" teórica que lo obliga a replegarse sobre sí mismo y a preguntarse por su universalidad: las reflexiones, bastante tempranas por cierto, de Macedonio Fernández, concretadas y reunidas en su *Museo de la novela de la eterna,* constituyen un punto de partida crítico para doblegar el imperio del modelo narrativo que se realiza en el personaje como el todo de la narración y abren a un pensamiento multiplicador, por decirlo de algún modo, a saber que se pueden pensar las cosas de otro modo aunque las fórmulas para realizar esos cambios no sean necesariamente exitosas;[7] quizás no porque Macedonio lo haya enseñado pero a partir de su formulación empiezan a proliferar nuevos modos de entender las relaciones internas entre los elementos del relato, lo cual da como resultado fórmulas nuevas que en algunos casos se homologan a las que se están produciendo en otras partes y en otros siguen un proceso propio. En todo caso, esa proliferación de posibilidades reduce el dominio y la homogeneidad del personaje, que es afectado de tal modo en la construcción de su figura que podría hablarse, casi, de una disolución. Veamos, por ejemplo, en los relatos de Borges, el soñador que sueña que es soñado, el héroe que cuenta la traición de otro que es él mismo, veamos en *Morirás lejos,* de Pacheco, donde el protagonista, eme, puede ser veintisiete posibilidades;[8] disolución del personaje o, mejor dicho, tendencia a una casi disolución que implica un acento puesto en otros elementos de la narración puesto que lo que no desaparece es la tendencia a narrar. Justamente, en

---

[7] Ver Macedonio Fernández, *Museo de la novela de la eterna,* Buenos Aires, Centro Editor de América Latina, 1967. No obstante la fecha, existen anticipos de este texto, bastante remotos; el más cercano publicado es *Una novela que comienza,* Santiago de Chile, Ed. Ercilla, 1941. Ver, complementariamente, mi trabajo, *La novela futura de Macedonio Fernández,* Caracas, edición de la Biblioteca de la Universidad Central, 1973.

[8] Ver Jorge Luis Borges, *Obras Completas,* Buenos Aires, Emecé, 1974, en especial *Ficciones* y *El Aleph* y José Emilio Pacheco, *Morirás lejos,* México, Ed. Joaquín Mortiz, 1967.

virtud de esa perduración —que podría definir como "erótica"—
y para preservar su continuidad, frente al hombre desvalorizado,
empieza a hacer su aparición un personaje "disminuido" y aun
casi nada de personaje, vacío o ausencia reemplazada por capacidades del lenguaje o de la descripción que toman el relevo y
permiten un reaseguro para la escritura.

¿Por qué es posible un cambio semejante? Hemos pasado de
un cuidado muy grande del individuo, provocado por una sensación de anemia perniciosa, a una generalizada incomodidad por
una demografía desbordante en la cual no ya los individuos, sea
cual fuere la clase a la que pertenecen, no importan, sino que la
muerte de uno o de muchos aparece cada vez menos como trauma
que como vía de salida para una autorregulación social casi imposible. ¿Nos importa mucho la muerte de los otros? Cada vez
más, probablemente a partir del gran salto poblacional posterior
al final de la segunda guerra, la muerte es vista como una salu-
dable liberación del espacio, lo que hace que en el caso político,
por ejemplo, los genocidios modernos sean prontamente raciona-
lizados y las desapariciones normales apuradas en su trámite, al
tiempo que los ritos de las despedidas o las venganzas tienden a
estandarizarse y servir de viático veloz para una recomposición
del esquema. Nuestra propia muerte, igualmente —tal como aparece en la trivialización poética o en la glosa periodística como
preanuncio de lo que puede pasar— es posible que nos asuste
menos por lo que implica de amenaza que porque no se ha de
notar en la apurada crónica de la demografía alucinante. Conjeturo que por eso es tal difícil, y tedioso, narrar ahora personajes
célebres, como antaño; pareciera, al impulso de una teoría de la
narración en la que los elementos son considerados en su justa
medida y adecuadas proporciones, que tratar de escribir personajes
célebres es ponerse contra el tiempo de la peor manera, con una
intención reaccionaria de volver atrás, obstinadamente enancados
en una negación del tiempo y de la realidad con sus exigencias tan
apremiantes; da la impresión, cuando un escritor pondera y elogia
el personaje que va a escribir, que finge que no está pasando nada
en la manera actual que adopta la conciencia ni en la manera
actual que adopta la narración.

Hablo, claro, de tendencias y de interpretaciones posibles; ciertamente parcializo y casi deliberadamente dejo de lado otros puntos de vista tanto o más plausibles como, por ejemplo, el que me
sugiere Michel Serres cuando dice que Balzac sigue un "modelo

cosmológico" para construir sus novelas;[9] acaso se podría hablar, análogamente, de un modelo einsteniano en el sentido de que las acciones tenderían a confundirse con el medio verbal (el medio verbal vuelto acción —dramática de la escritura— y la acción valorizada por la verbalidad) y el relato sería un puro desplazamiento cuya aceleración podría llevar a la disolución pero, en todo caso y de esta forma, el modelo aparecería muy claramente en la superficie y lo que me importa es determinar hasta qué punto se incluye en el pensamiento algo así como una respuesta, engendrada en diversos planos, a la unívoca pregunta sobre un "estar en el mundo actual". En ese sentido, no diría que el "personaje" ha sido eliminado totalmente y que "ya" se escribe y, sobre todo, que "se debe" escribir sin él; descriptivamente, aun en las narraciones de quienes lo piensan como durante el naturalismo, es decir como lo imprescindible del relato y su punto de partida y de llegada, el "héroe" aparece como sobreviviente, complejo, de dialéctica psicológica, contradictoria, suele ser "víctima"; es curioso, al menos (o indicativo de la permeabilización del personaje a la amenaza de sobrepoblación), que el victimario no sea "héroe" casi nunca, aunque la sociedad —a la que, como quiere Luckacs, se suele oponer para devolverle un sentido— sea invariablemente victimaria; la víctima, por su peripecia de tal, muestra lo perdurable de quien la ajusticia y si fugazmente hay alguna redención de la sociedad victimaria ello se da en el orden de un deber ser pero no de una reparación.[10]

Tan clara es esta vinculación entre la amenaza social y la remodelación de los personajes que tienden a disminuir su consistencia, que se presenta un riesgo tremendo de olvido de estos términos, de modo tal que en la vida real ya no sepamos exactamente que los victimarios son eso, justamente, y que comencemos a considerarlos tanto más héroes cuanto más directa e inmediata sea su dialéctica psicológica. ¿Novela inminente de canallas, exaltados como paradigmas de una sociedad que se saca de encima la muerte como si fuera un estorbo y la radica en los seres más estridentes, los que más la denuncian?

El problema consiste, por lo tanto, vista la declinación del indi-

[9] Ver Michel Serres, *Feux et Signaux de brume: Zola*, París, Grasset, 1975.

[10] Es obvio que estas reflexiones tienen su contrapunto en Luckacs y en Goldman; ver, de Lucien Goldmann, *Pour une Sociologie du Roman*, París, Gallimard, 1965.

viduo en el juego social de fuerzas, en proponerse un nuevo humanismo si no se quiere, simplemente, caer en las redes de los efectos ideológicos que engendra la demografía; si la cuestión sigue siendo la continuidad de la escritura —y sus garantías— debemos hallar en el relato la manera de garantizarla, así como nuestra propia supervivencia, por sobre la muerte de todo lo demás; debemos reaparecer con un neohumanismo que suponga no el regreso a un relato imposible, porque la sociedad es otra, sino la neutralización de las voces que se alegran, aparentemente, del giro que toman las cosas ("No quiero disimular un temor: que florezca un nuevo brote de humanismo, que se le vuelva a ofrecer al hombre-rey-del-universo un nuevo poder, una nueva felicidad, un nuevo placer")[11] y pretenden fijar las condiciones del "no va más" que, pienso, debemos estudiar antes de aceptar con facilidad.

¿Se trata de la libido? ¿De cuál? Para que no se me confunda quiero decir que la abusiva o cargante representación de la sexualidad no es necesariamente la liberación de la libido que, en el giro que le estamos dando a las cosas, es el alimento de la escritura como barrera puesta a la muerte física; sin pretender "continuar" la narración que, a su vez, es continuidad amenazada, constituye el desafío erótico más radical y triunfante, un neohumanismo no podría programarse sino como liberación de la libido escritural o, dicho de otro modo, en la liberación de fuerzas simultáneas que, al realizarse, unan lo propio de la escritura con aquello que puede tomar forma gracias a la escritura y que, como los temas o las figuras, es vivido como separado de ella, o sea la escritura como simple vehículo al servicio de temas y figuras.

En el relato, consecuentemente, esa liberación de fuerzas viene por lo que las palabras construyen desde su nada, desde su soplo, en su articulación; importa esa construcción como lucha por la continuidad, como conjuración de la amenaza y si eso, a su manera, fue resuelto en cada época en la que el relato de alguna manera progresó, o se identificó, o se caracterizó, debemos hallar la resolución en la nuestra y no resignarnos a repetir lo que fue solución anterior; debemos, en consecuencia, construir el "modelo" adecuado, esa línea general y común que organice no los relatos singulares sino la común significación que da cuenta de una respuesta a "lo que no va más" tanto como a lo que desde la sociedad, la sociedad intenta destruir de ella misma.

[11] Ver Jorge Jinkis, en revista *Sitio*, año I, núm. 1, Buenos Aires, 1981.

¿Pero no existe acaso ya ese modelo? Leo, con admiración, lo que Elías Canetti escribió en 1936 sobre la obra de Hermann Broch,[12] en época de nazismo, de muerte silenciada y de amortiguación del dolor colectivo, o sea en el comienzo de la nuestra en la que las desapariciones argentinas, el genocidio de Biafra, el éxodo vietnamita, la humillación palestina, los asesinatos guatemaltecos no son calificados así, aunque no se ve qué otro nombre podría atribuirse a lo que ejecuta todo ello. Dice Canetti:

Y ahora permítanme dar un salto al elemento que habría de ocuparnos casi exclusivamente en lo sucesivo: *el aire.* Tal vez les sorprenda que el discurso pueda recaer en algo tan común como el aire. Sin duda esperaban oír algo sobre la especificidad de nuestro escritor, sobre el vicio por el que se halla poseído, sobre su terrible pasión... el vicio de Broch es la respiración... siempre está comprometido con la totalidad del espacio en que se encuentra, con una especie de unidad atmosférica... forman sus palabras con aire y, a medida que las dicen, van llenando el cuarto de nuevas y extrañas vibraciones, de catastróficas modificaciones del estado anterior... los diálogos brochianos tienen una puntuación muy peculiar e inolvidable. No le agrada responder con un sí o un no, que serían tal vez cesuras demasiado violentas. Divide arbitrariamente el discurso de su interlocutor en periodos absurdos en apariencia, identificables por una entonación característica que se debería reproducir fielmente en un fonógrafo... ¿Es concebible una escritura que pueda crearse a partir de la experiencia atmosférica?

Como se ve, "no quiere decir" algo simbólico sino que *dice* explícitamente el lugar, el texto, en el que van tomando forma las estructuras; a partir del aire, en una atmósfera, en un espacio puntuado, escondido; dice que no se trata de la rica psicología del autor sino de una zona cargada de otra manera, con lo que no sólo el autor vive sino todos, el aire, el elemento, lo básico, lo central y, a partir de allí, hasta los diálogos que se organizan según la respiración que, como sabemos, es la base de eso que nos caracteriza humanos y que llamamos "ritmo".

El texto de Canetti, conocido por nosotros sólo ahora, ilumina otros textos como, por ejemplo, el "prólogo" a *La Eneida,* de Pierre Klossowski,[13] ilustración o justificación de su *Trilogía* en la que se percibe lo mismo aunque sin la vibración bachelardiana

[12] Ver Elías Canetti, *La conciencia de las palabras,* México, FCE, 1981.
[13] Ver Pierre Klossowski, "Prologue" a *L'Eneide,* París, Gallimard, 1970.

que parece tan cercana en el de Canetti que, dicho sea de paso, me parece más proustiano que manniano en la emocionada reflexión, en la que se reconoce, en la tradición de Proust, a un sujeto que no obstante la fragilidad de su situación *sabe* que saldrá de ella en la búsqueda de una ley que es, invariablemente, la de la escritura. Dice Klossowski: "El movimiento verdadero no está en la acción, sino en la melodía interna, el cuadro no está en los acuerdos y en las imágenes contrastadas, sino que las imágenes mismas brotan del choque de las palabras, no en cuanto designarían algo, aunque se tratara de 'escudos que se entrechocan', sino en cuanto las sílabas de una palabra a otra se chocan o copulan por un valor, de colorido o de sonoridad". Se trata de lo mismo, sin duda, a pesar de los "estilos" diferentes aunque —la asociación vale la pena y de ella me percato sólo ahora— Broch y Klossowski están juntos en Virgilio; pero más vale todavía la reafirmación: si "algo pasa" en un relato es en esa zona en la que el encuentro de las palabras engendra entidades mayores, lo que es más que una verificación ya sabida de las virtudes de la sintaxis; ese nivel, justamente, es el de la "fuerza" y, asumido permite escribir o sea emplear las armas en el momento oportuno para una causa justa. Quiero decir, históricamente adecuada y construyendo el modelo de su justeza y no aceptando la imposición de un modelo que vendría a caballo de la moda o la dependencia o lo que fuere.

El relato, entonces, se produciría, siguiendo a Canetti y a Klossowski, en la liberación de una fuerza que viene en y con las palabras, desde la nada que las constituye, desde el soplo que son, o la marca que imponen, siguiendo una buena doctrina de la escritura. Y eso sería en todo relato, no en los que hacen su aparición con posterioridad a una teoría como la que pretendemos sugerir; la diferencia consistiría en que hay una economización diferente de lo visible: mientras algunos relatos "proceden" poniendo conscientemente el acento en una intención general deliberada —una estrategia de escritura—, otros lo hacen dejando que la acentuación se imponga por sí sola, con un margen mayor de arbitrariedad; y si el establecimiento de la diferencia es cosa de la crítica, la crítica puede observar que una acentuación radica más o menos en estructuras reales y que, por lo tanto, puede tratar de imponer su cifra, tal como ocurre, pienso, con el modelo obsoleto, como modelo, de la representatividad naturalista.

Ahora bien, frente a la claridad con que se formula el nuevo modelo —pues, como siempre (ya lo hemos visto con Zola), hay quien se atreve a formularlo—, las propias convicciones se sacuden y, por autorrespeto así como por respeto a quien tiene el valor de sus convicciones, se produce —se me produce— un movimiento de retorno a mis propios relatos, no ya a lo que he pensado desde hace años sobre el relato. En un trabajo reciente, formando parte del texto, integrado a él de una manera que no creería nunca que fue artificiosa, encuentro un fragmento que juega analógicamente con los acordes recordados:[14]

> O sí, se trata de una historia que va de dos en dos en dos instancias. Mito del corte, mito del nacimiento, de un territorio (oscuro) a otro (también). "No lo puedo imaginar." Yo lo imagino: esta cama, lugar de escena, lugar de llegada, se nace, se muere, se ama, se espera. Quién está arriba, quién a la izquierda, quién lleva la voz cantante. Lo imagino: hablar a través de mí. ¿Como un médium? Sí, como un médium, en lo que las palabras van armando y las imágenes van devanando, ovillo básico. ¿A partir de qué? De un ritmo respiratorio: me inunda la felicidad, el pneuma, al oírte respirar, sé que tu soplo viene de tus pulmones, tu nariz filtra el aire, tu contextura no es tan fuerte como para oponerse a la tortura y eso es lo que precisamente amo en tu cuerpo, esa transparencia.

Si se trata de un relato y ese fragmento "dice" su carácter la pregunta que toma forma es: ¿Cuál es el modelo que lo rige o que propone? Ante todo el aire, que en la respiración deviene ritmo que, a su vez, es espacialidad y espacialización, conquista del espacio por la inscripción de la palabra; a la vez, de esa "puesta en escena" algo nace, por un corte en el que los papeles (los personajes) son intercambiables, lo que no quiere decir que no se vaya construyendo una historia con ellos, una felicidad, la tortura, el cuerpo, la transparencia; el narrador como un médium en las palabras y no como un organizador racional y todopoderoso, la sintaxis —que encarna el ritmo— como necesidad y no como imposición, la gramática como la "ley" del espacio que hay que ocupar y no como presencia de lo social en lo imaginario, al servicio, en el desplazamiento a lo imaginario, de la voluntad ordenadora, sistemática, de lo social.

Y hablando de lo imaginario, y como de paso, ¿acaso no está

---

[14] Se trata de *El ojo de jade* (novelita), México, Premiá, 1979.

hecho de aire y en el aire? Las imágenes se ven pero en dónde; Guillermo Enrique Hudson (*Una cierva en el Richmond Park*) hablaba del viento que traía las imágenes, la "telepatía", y si su imagen no es la de Kant ni la de Sartre sí puede ser la aérea de Broch vista por Canetti, una imagen que no obstante ser de soplo ocupa un espacio y engendra consecuencias graves, así como las palabras se organizan según un ritmo en el espacio de una página y engendran imágenes, o sea frases que transmiten a su turno imágenes, personajes, tramas, argumentos, temas, problemas, mundos.

Todo, desde luego, en el supuesto de que se sabe qué es relatar que, desde el latín que le proporciona los nombres, es lo mismo que referir y algo no muy diferente de "diferir" (el final); la pregunta sobre el relato, otra vez, parece indispensable para saber qué alcance tiene el "modelo" que uno puede preconizar, vista la diversidad de opciones que se nos ofrecen y que serían, cada una de ellas, una interpretación particular del "relatar". Aunque, y vale la pena insistir en la aclaración, no se trata de modelos "aceptables o aceptados" —materia para una labor universitaria— sino el "modelo" que va siendo propuesto en el texto mismo, suma de caminos y de imposibilidades al mismo tiempo. La pregunta, obviamente, no se hace para sacudir una respuesta sino como rampa para regresar al punto en el que mi propia opción, lo que yo entiendo por relatar, forma parte de un "modelo" que entre muchos y por diversas interpretaciones ha tomado y toma forma cada día. En mi texto, en consecuencia, el de *El ojo de jade,* —que parece coronar el sistema de citas— está agazapada una teoría que más arriba detallé al tratar de explicar cuáles eran los componentes del modelo que lo regía; como teoría creo que se trata de un pasaje del ritmo a la historia como cifra del relatar. Está claro que, como teoría, invierte los términos de la clásica, vigente e internalizada del realismo o naturalismo, lo que no le confiere cualidades de "nueva" ni exclusiva; si vemos las cosas con más amplitud, no desde una eficacia de la "comunicación" sino desde la complejidad de una "producción", lo que parecía ser tan sólo mi propuesta —y por ello arrogante y abusiva— adquiere el carácter de una vertiente puesto que, como lo he señalado, la narrativa latinoamericana se ordena en grandes líneas y lo que es mío-general-nuevo-viejo-modelo-constituye una de ellas; su signo sería una "tentativa que problematiza" y, simultáneamente, "se problematiza" frente a otras líneas que "ratifican", "se ratifican" en una prosecución que rechaza el corte, el lapsus, la interrogación, o la paciencia de la espera por lo que todavía no está.

Supongo que hay líneas ("modelos") transaccionales e intermedias; no es el momento de reivindicar la prudencia de las soluciones pacíficas de modo que, pensando en las dos principales, diría que una apela a la seguridad, a lo verificado, a la técnica; se reitera y reifica como si se pudiera acceder a la forma sin maduración o, lo que es lo mismo, como si existiera una madurez sin crisis, como si no acechara el vacío histórico que ahueca los gestos y hace de la reiteración de la forma una breve explosión sin destino, frívola; la otra se pone en el murmullo del recomienzo, se invita a un surgimiento posible, de un ritmo una historia, absolutamente riesgosa como que depende de una forma que "ha de ser" y cuyo sentido reside, justamente, en su imprevisibilidad. En el primer caso, el apoyo "técnico" de la sociedad, con sus baterías, sus empresas, su publicidad, sus complicidades, su comprensión inmediata (su lectura), su inteligibilidad comprada, sus guiños, sus celebraciones; en el segundo, la página blanca y la voluntad de un absoluto que el narrar sólo canaliza, no resuelve ni calma.

Esta segunda línea es el "nuevo modelo" cuyos procedimientos y mecanismos no necesitan preconizarse en la literatura latinoamericana porque funciona ya con toda su inherente diversidad; supone el duro momento de un comienzo y las secas etapas del comienzo que no resulta de ninguna habilidad y de ninguna escuela. Y lo que sale no sólo realiza un "modelo": lo muestra como su producto, y el único, creo, que corresponde a un momento de la vida histórica en el que la pulsión de la vida se filtra por entre las trampas que la muerte tiende cotidianamente a la humanidad.

LA PALPITACIÓN DE UN PROYECTO*

Notas sobre textos de Julieta Campos

A María Luisa Mendoza

1) COMENTAR/presentar. ¿Es posible? La pregunta se inscribe sobre la existencia de dos líneas que quizás no se tocan, no se puedan tocar y ni siquiera busquen tocarse. ¿Cuáles son? Una, la del texto, que se traza y sigue su desarrollo hasta cierto punto sobre sí misma, protegida y asegurada por su inmanencia; la otra es la del comentador que *parece* dar cuenta de la primera, parece abarcarla, abrazarla, tenerle afecto pero que en el fondo busca, sin reconocerlo socialmente, su propia, insatisfecha afirmación puesto que no pertenecería a la misma dimensión del *ser*.

¿Hipocresía de todo comentario? ¿Imposibilidad de toda presentación? Tal vez no. En todo caso, sea como fuera, hay una inevitable inversión de papeles en la práctica del comentario o de la presentación: a pesar de *ser* en su manera muda de mostrarse, cuando aparece en escena el comentador, el texto se pone ansioso, es como si él y todos esperaran que el comentador se convierta en su boca, que diga lo que él mismo no puede decir a causa de su mudez; y si toda la gloria del texto nacía, según algunos, de la inefabilidad que acompaña al *ser*, inteligido (según algunos) en zonas múltiples de una conciencia receptiva, ahora la gloria, en virtud de la autorización en que termina todo comentario, se desplaza, sin confesión legal, como movimiento de incontenible usurpación, hacia quien la otorga.

Pero no hablemos de gloria sino de sentido: en la medida en que el comentador "reconoce" —para lo cual, previamente, ha conocido, pero no sólo el texto sino todo lo que lo desborda y le da sentido puesto que todo sentido es inteligible desde una integración— pretende situarse en un más allá del texto, exige que se reconozca que es su propio esplendor lo que permite enten-

---

* Este trabajo fue escrito para acompañar el disco que registrara Julieta Campos para la colección "Voz Viva de México", de la Universidad Nacional Autónoma de México. Fue redactado en 1979; el disco apareció un año después. Su lectura supone una cercanía con los textos a los que se refiere. Introduzco ahora mínimas correcciones de redacción.

der el esplendor o la miseria que toman forma a partir del adjetivo que adjudica.

Su intención, sin embargo, es prestarle un servicio al texto: firmar de alguna manera la garantía de su valor a partir de la pública exposición de su sustancia. ¿No se puede, por el contrario, pensar de otro modo? Por ejemplo, pensar que una presentación de un texto puede no redundar necesariamente en un sometimiento del texto al comentador: los comentaristas que se mimetizan y los que juzgan hacen lo mismo, traducen u obligan. ¿No se podrá mantener una relación diferente con los textos desde un afuera de ellos?

Postulamos que sí, en la medida en que, por una parte, renunciemos a la estratagema positivista de un afuera autorizado que autoriza o desautoriza y, por la otra, concibamos la existencia de una actividad que, sin competir con el texto que la origina como actividad, busque su propio espacio como actividad, su propia legalidad tendiéndose hacia el espacio social como actividad que tiene sentido, que para existir no tiene por qué anular lo que la desencadena.

Lo que sigue, por consecuencia, no es presentación, no es comentario. A partir de los textos que se me proponen, y que habiendo sido previamente escritos serán dichos, yo permaneceré en una escritura que no quiere ser voz: en el ámbito de una perplejidad que no es de los textos sino a partir de los textos y que busca transformarse, a su vez, en sistema que los deja intactos y por ello los transforma.

2) La idea de los géneros —no quizás la práctica de los géneros— no ejerce ya una presión tan grande como la que ejercía hasta no hace demasiado tiempo. La distinción no es trivial: significa que se sigue escribiendo poesía o novela pero ya no se piensa en el cumplimiento de requisitos que otorgarían una identidad de género. Esta coexistencia supone, por cierto, una mayor libertad en la escritura lo cual no se manifiesta por ahora en el hallazgo de nuevas entidades discursivas sino en una mezcla activa de antiguas entidades discursivas: la poesía se proyecta sobre la novela, la novela impregna el discurso poético. Habría que hablar, tal vez, del mismo movimiento entre otros tipos de discurso o géneros de discurso. La tendencia a la mezcla, entonces, ofrece posibilidades, tiene dinamismo y también paga algunas veces pesado tributo a la carencia de rigor. Nuevo romanticismo, sin duda, en el que

ciertos mitos de la literatura dejan paso a una acción más compleja de la escritura.

La novela se ha dejado penetrar muy profundamente por la mezcla y se ha poetizado hasta tal punto que se ha convertido en "novela de lenguaje", designación abusiva —puesto que no existe novela que no sea lingüística— que define o sitúa a la poesía como más próxima a la lengua en un estado puro que otros discursos. Admitiendo sólo la poetización, y no la lingüistización, lo que de la poesía ha invadido la novela son dos cosas: una ampliación de posibilidades combinatorias verbales y las imágenes, que caracterizarían lo esencial del lenguaje poético.

A la inversa, seguramente lo que de la novela pasa a la poesía es la narratividad, la dimensión —aunque transformada— del contar que, por ese hecho, es como si tendiera a desertar de lo que era su propio e indisputado campo.

3) Esta introducción nos pone, de inmediato, en la atmósfera de *Muerte por agua* (1965): hay un contar, una historia y, sobre ella, casi obturándola (al menos en el sentido de un esperable desarrollo de una acción o de una situación), un lenguaje poético entendido como profusión de imágenes, por un lado y, por el otro, como proliferación verbal o, más precisamente, encadenamiento libre de frases. A su turno, podemos —podríamos— considerar este encadenamiento desde otras dos perspectivas: o bien se trata de llevar el lenguaje hasta límites más lejanos (semiótica) o bien de realizar una indagación psicológica (intencionalidad). Dejamos en suspenso la definición que nos bloquearía "ver" este texto en homenaje, en el primer caso, a una obediencia teórica, en el segundo a la fuerza de la influencia (Proust).

El contar, entonces, subsiste, sin duda, pero tan atenuado que algunos de sus elementos tradicionalmente indispensables casi no tienen peso; si, por otro lado consideramos las cosas diferentemente, admitiendo que la verdad del vértigo frástico es la "indagación" que podría, de este modo, estar al servicio del contar, no nos sería difícil reconocer que ni la sutileza de las observaciones resultantes, ni el culto del matiz, complementan realmente la historia.

Elementos indispensables del contar: ante todo los personajes; su trazado tiene tal aire de aguada japonesa (vincúlese con el explícito tema de la lluvia), que se podría pensar que más que intento de crear identidades se trata aquí de proponer hipótesis de personajes, o sea subsistencia del elemento pero radical modificación de su función: "Eloísa corre al lado de alguien, que puede ser su madre joven, por un campo de espigas. . ."* *Puede ser, alguien,* palancas de la conjetura que confirma su mecanismo en la tardanza en hacer aparecer en el relato nombres de personas, Laura, Eloísa, Andrés; de este modo, los nombres dejan de indicar "representaciones" y son sólo eso, nombres concebidos como espacios en los que se concentran e irradian frases, hipótesis, nuevas conjeturas, nuevas, pero otras, "indagaciones".

Pero, también, el "punto de vista": el "narrador", esa voz ficticia que nos pone en contacto con la masa narrada, no desaparece porque no puede desaparecer pero pierde el estatismo y la firmeza que hacía tan tranquilizante la narración clásica, tranquilidad que hacía suponer algo o alguien poseedor de un saber narrable. El "narrador" se desplaza, se confunde con los sujetos de la narración y, en consecuencia, aparece flotante, indeciso como narrador y, por eso mismo produciendo los esquemas hipotéticos de los personajes: "estás distraída. Eso es todo./ Pero dime ¿qué se saca?/ —qué sacas con eso?"

Muy probablemente, esas dos operaciones, como una red que se constituye sobre la red imprescindible de la narración, permitan afirmar que hay una ambigua perduración del contar pero también un ataque a la homogeneidad de la historia narrada. Y si perdura el contar pero la historia se adelgaza en qué puede consistir el "narrar" en este texto; dicho de otro modo, qué se cuenta cuando no se cuenta una historia. Se cuenta un segundo plano que no podríamos describir más que como una vibración inherente a la escritura misma, especie de prosodia que resulta de y en la organización verbal. Por debajo de lo que no ocurre cuando transcurre la historia, ocurre otra historia, la de la escritura, que se tiende hacia la sociedad entera en la medida en que construye algo que se integra y se opone a otros objetos construidos. El texto, por su lado, lo advierte, como guiño de lectura, como ejemplo de lo que está ocurriendo, como señal ("Algo de las dos que mientras se veían permanecía latente, escondido, sale a la superficie y se queda ahí, al alcance, susceptible de ser percibido con otro sentido, no con la vista, y ni siquiera con el oído, con un sentido sin localización precisa. . .") que no debería reducirse a una trivial estructuración freudiana.

* Todos los entrecomillados son citas de textos de Julieta Campos.

En este punto regresa la consideración inicial sobre el lenguaje porque es en él, en su expansión, que la prosodia es observable; tal vez en él la prosodia se realice (porque su tendencia al encadenamiento favorece que se piense en un "ritmo") pero yo creo que se puede ir más lejos: la "manera" de modificar los elementos del relato que genera ese "contar" (que disminuyendo la "historia" narra otra cosa) es la fuente de la conformación prosódica; sin que el lenguaje sea un mero vehículo, no hay lenguaje en sí y de por sí, sino, para la prosodia, un sistema de interacciones de diversos planos, fuente de la vibración profunda, del violento ritmo que provoca a la lectura y obliga a replantear sus postulados y sus mecanismos.

Pero el lenguaje está ahí, existen las frases; ante todo, en la medida en que se van encadenando producen un efecto de difuminación, lo que por metáfora podría designarse como "de sueño"; luego, la cadena no persigue una representación ni una indicación sino un automatismo contenido que el texto declara ("Quizás las palabras se compondrían también solas y podría leer algo, otra cosa distinta que tuviera sentido") y que no sería equivalente a una inexistencia de sentido; finalmente, cada frase, en su sintaxis misma, no en lo que dice o podría querer decir, propone tal vez un modelo de lo que es la totalidad o, por lo menos, de adónde se dirige la totalidad. Cada frase se articula en torno a un tronco que es por lo general un verbo precedido por un sistema de coordinadas que subordinan a su vez a otras frases, repitiéndose el mecanismo del otro lado, en lo que sigue; aparentemente todo está normalizado, regularizado pero, en verdad, hay algo de no controlado en ese árbol que, como esquema, permitiría graficar una frase. La arborescencia, entonces, que caracteriza la frase permite entender también la totalidad, definida como encadenamiento de contenido automatismo: habría, por lo tanto, si no una homología al menos una relación cuyo signo primero es la apertura (por cuanto la arborescencia podría continuar indefinidamente) pero, además, un signo secundario de proliferación fastuosa que supone un movimiento de nacimiento rápido (de imágenes) y un temor por su rápida caducidad (en la lectura) o sea por la putrefacción que le sucede. En este esquema, "muerte por agua", como título, explica esta vibración prosódica, no un contenido pues nadie en la historia se muere; y se explica, también, que emerjan, muy frecuentemente, imágenes que proponen la putrefacción, sitio desde donde se podría percibir un oscuro temblor de fuerza y de miedo, como indicando una inminencia que la escritura grita y calla simultáneamente, produciéndose y conteniéndose.

4) En cambio, en *Celina o los gatos* (1968), el título indica solamente que un hombre lo preside y organiza; al menos en lo que concierne a la estructura del enunciado esta presidencia tiene efecto: quiere decir que el sujeto tiende a precisarse lo cual se da, como tendencia, en otras instancias. No es extraño, en consecuencia, que un primer texto esté regido por la enumeración —modo clásico de la tendencia a precisar—, que otro trate de un personaje y que, en general, los textos sean "cuentos", formas de organizar que en su concepto implican también la precisión.

Se enumera: en principio —*De gatos y otros mundos*— se enumeran, individualizándolos, gatos que en el texto que da título al libro aparecen en montón; este movimiento remite, ante todo, a un texto muy posterior, *El miedo de perder a Eurídice,* donde la enumeración es de islas pero en uno y otro caso en verdad la enumeración es de textos. Consecuencias: si por un lado se insinúa un gesto que tendrá su florecimiento años después (lo cual sugiere un proyecto o un desarrollo o el desarrollo de una obsesión que tiene en la intertextualidad su vehículo), por el otro, en lo interno, la enumeración hace presión sobre la sintaxis, tiende a cortar ramas a la arborescencia, parece querer encaminarse a la "información"; en suma, disminuyen las asociaciones de frases y las imágenes en favor de otro tipo de discurso, con frases principales y el acento puesto sobre el "sujeto" gramatical; el verbo —que antes era central— ahora tiende a explicar y contribuye, por eso, a la formación de una identidad. No es de extrañar, por lo tanto, que el texto principal —*Celina o los gatos*— sea autobiográfico, en cuanto la autobiografía podría ser una formalización de dicho desplazamiento sobre el sujeto; también es comprensible que se genere cierto suspenso en la medida en que la acentuación del sujeto implica una acentuación de la historia. Finalmente, si estos rasgos, en especial la primera persona, se encuentran en una voluntad de narrar "desde adentro", todo lo cual instaura una atmósfera de "ficción", el tendido proliferante de *Muerte por agua* muestra, por oposición, una tendencia a la difuminación que situaríamos en un nivel diferente, más en un campo de pulsiones que de estructuras.

En *Todas las rosas*, un nombre, Aurelia, abre el discurso y da lugar a un personaje central que, esta vez, es visto de afuera, "narrado" por un narrador que toma distancia. Se produce una paradoja: este distanciamiento engendra un tono de confesión que encierra, a su vez, o libera, un sistema de asociaciones, de descontrol en el lenguaje en función del objetivo irrenunciable que es la afirmación, confesional, de un "ser". La escritura, por lo tanto, se "vegetaliza" en un doble sentido: la proliferación frástica y de imágenes y, por el otro lado, la tematización ("rosas") que mostraría de este modo su necesidad, surgiendo desde el proceso de la escritura y no como un tema que la escritura transportaría.

En un mismo espacio (un libro), dos líneas de fuerza (precisar y difuminar), dos tendencias (¿dos sistemas de pulsiones?) que al distribuirse y requerir de elementos coherentes para su desarrollo generan diverso tipo de discurso, diverso tipo de seducción: mediante ritmos diferentes provocan a lecturas matizadas. En este libro las dos líneas formulan un acuerdo, se conceden o se exigen. Pero como la segunda predominaba en *Muerte por agua* y retornará en *Tiene los cabellos rojizos y se llama Sabina* (nótese que aquí el nombre en el título está al final y que la conjunción es "y", lo que hace pensar que hay dos inversiones respecto de *Celina o los gatos,* sin contar con que la "o" presenta una opción entre individuo y masa, precisión y difuminación) y la primera volverá a presentarse, en la enumeración, en *El miedo de perder a Eurídice,* se podría decir que en *Celina o los gatos* está tanto el "antes" como un anuncio del "después" no sólo, en este caso, porque vuelve a exhibirse el impulso proliferante sino también porque ya hay nuevas ideas que van a desempeñar un papel más articulado todavía en *El miedo de perder a Eurídice.*

Consideremos esta relación: en uno de los textos los párrafos no son ya un continuo gráfico sino que se separan en una ostensible búsqueda de atención visual, lo que indicaría una dirección, un ir a alguna parte, una forma de significar; además, predomina el tiempo verbal presente vinculado a descripciones que dan la impresión de cuadros o fotografías (no hay rememoración ni reflexión sino disposición de personajes en un espacio: "Consuelo [hija] y Consuelo [madre] aparecen por un instante frente a una ventana del segundo piso, mirando al mar, rodeadas por el marco de una ventana..."); la vinculación entre las dos formas es clara, una distribución de masas escritas y, metafóricamente, en lo interno, en la imagen, una foto, espacio por excelencia. En *El miedo de perder a Eurídice* la vinculación se hace tema: el dibujo —sustituto de la foto— de una isla desencadena la enumeración de las islas leídas y el recorrido (imaginario) entre ellas condiciona la escritura en la página, los bloques de escritura.

Relaciones hondas, que podrían ahondarse. Pero, para concluir, esta búsqueda de un espacio que signifique podría tener también otra raíz en este libro, que es concentración de dos tiempos: búsqueda de una ciudad, que lo explicaría todo y nada logra explicar porque en su fuerza de recuerdo tiene la forma de un fantasma vegetal que conduce a la obsesión y al movimiento de la estructura que la persigue y la transforma en la inminencia de la captura: "Repetición sofocante, obsesiva, de las columnas de un paisaje que se cierra agobiante sobre ellas. . ." (La Habana).

5) Todas las líneas, los trazos, los rasgos que pudimos anotar en las páginas precedentes reaparecen, potenciadas/os, en *Tiene los cabellos rojizos y se llama Sabina* (1974). Desde el movimiento de la conjetura hasta la enumeración, desde la arborescencia a la fotografía, desde la difuminación hasta la presentación de ese centro absoluto que es la ciudad. Esa perduración hablaba de la unidad de una obra, de la homogeneidad de un proyecto, pero poco importaría todo eso si no se estuviera dando un salto que no es al vacío: ese salto es hacia la conciencia de sí, lo que en este caso significa conciencia de la escritura.

Para que esa continuidad no aparezca aquí como pura afirmación —por lo tanto sospechosa— conviene que nos establezcamos en algunos nudos para poder medir, tal vez, el alcance del salto, la virtud instaurada por la transformación. Ante todo la ciudad: La Habana retorna, por explicitación o por alusión, como el núcleo central de una búsqueda, como desencadenante de movimientos que necesitan escribirse, como si su presencia activara deseos que no tienen que ver con la evocación ni con la recuperación, menos aun con la nostalgia ("Hay dos ciudades. Una de ellas, la buscada en todas partes para repetirla, aun sabiendo que detrás de su apariencia luminosa se agazapa la muerte").

La tendencia a enumerar se convierte en tendencia a acumular ("mar de plomo/ soñar con el mar/ mirando el mar/ un mar de escenografía, un mar dispuesto para algo/ un mar que sabe representar su papel/ etc."), lo que libera la posibilidad imaginaria y, al mismo tiempo, lleva a una tumultuosa desaparición de la historia. Se complementa, desde luego, con ese modo de rectificar el criterio de identidad por medio de la conjetura que abarca ahora a toda figura, desde los personajes ("Alguien podría, pudo, hubiera podido") que son desfilados, probables, aptos para ser elegidos, productos, en la protagonización que podría tener, de operaciones verbales, al narrador que podría relatar una novela pero sólo inventa eso que se considera una novela, situándose entre el fantasma de la representación y la doble capacidad de realizarla y de destituirla.

No se agota, ni remotamente, con estos esbozos, lo que puede ligar este texto a los anteriores pero exponerlos, como esbozos, permite ir más allá, entender no sólo lo que este texto continúa sino lo que incrementa. Por ejemplo el título: lo principal, lo que se exhibe en primer lugar, tiene un carácter adjetivo. ¿Obsesión gramatical, verbo, nombre, adjetivo? ¿Premeditación gramatical? Más bien sucesión, alternativa para la cual lo gramatical es un simple modelo que indicaría, como sucesión, otras instancias más decisivas: la búsqueda de una cifra de la transformación, por ejemplo, o la necesidad de favorecer el descontrol de la enunciación. Huidobro lo decía, "el adjetivo que no da vida mata", con lo cual introducía en su torno, relativamente a su acción, la doble perspectiva que el psicoanálisis trata de ver a través del lenguaje; si el "yo" produce el discurso y lo engendra desde su posición, siendo su pronominalidad lo que se arraiga al y se desprende del inconsciente, el adjetivo es no sólo el sustento de la metáfora sino el juego de las fuerzas principales que subtienden un discurso (y la psiquis) y le dan sentido.

Es claro que se podría objetar que de una frase se saquen conclusiones de orden general; si me autorizo a hacerlo no es tanto porque esa frase es el título sino porque entiendo que el texto tiene lugares privilegiados donde de alguna manera se manifiesta el proceso entero; lugares que no son virtuales sino nudos complejos que se articulan y caracterizan a la totalidad. Cada nudo, algunas frases, puede presentarse a una lectura específica pero si lo hace es porque es un nudo de líneas que al atarse se significan y significan el trabajo al mismo tiempo que lo declaran.

En ese sentido, si el texto es una larga reflexión sobre la "novela" —cuyo punto de partida es la "desidentificación conjetural del narrador"— el instante en el que el sentido de su problematización deja de ser una cortés discusión técnica, aparece como dibujo en torno a la cuestión del final; ya se sabe, lo que da integridad a la "novela", clásicamente, es el alejamiento fantástico del final que encarna la muerte; podría uno preguntarse si querer hacer novela no es de alguna manera acercarse voluptuosamente a esa temida perspectiva y si discutir el género no es, de alguna manera, una expresión de miedo porque ese final necesariamente llega: "Es una lástima irse ahora en plena tarde, cuando todavía podría ser que, podría ser, podría. Y a este podría hay, hubiera habido que ponerle un punto final". Entre querer y rehusar, entre osar y temer, la conjetura diluye los términos y engendra otra cosa, lo que llamaríamos un "texto" que se diferencia de la "novela" porque es capaz, al desarrollarse, de presentar la problemática que le da origen, las fuerzas que lo estructuran.

Y es capaz de *hacer* en muchos órdenes, pero yo elijo uno: "...el milagro del discurso es hacer que coincida, a las cuatro de la tarde del 8 de mayo de 1971, el tiempo de un personaje femenino..., el tiempo de Charles Darwin..., el de un viajero norteamericano..., el de una mujer joven afectada..., el tiempo de Alnut, una alemana triste..., el tiempo de los que pierden el tiempo..., el tiempo que podría ser *mi* tiempo..., etc." La "coincidencia" es el objeto del milagro y si se produce es porque el discurso anula legítimamente, creíblemente, diferencias que tienen que ver con nuestra manera de vivir histórica y social: no se anula la idea del tiempo sino las ideas de vivirlo y, por lo tanto, se nos incita a leer otra cosa puesto que no obstante hay un transcurso: lo que leemos es espacio, o sea lo propio del discurso, donde se desarrolla. Por otro lado, esto no deja de tener consecuencias; si todo puede ocurrir en un instante en verdad nada ocurre, nada puede ocurrir en el sentido de la "representación" que exige, para sostener que algo ocurre, un tiempo para realizarse. Sin embargo, el instante concentra posibilidades o recuerdos, los "acumula", las imágenes pueden ser múltiples y, al ordenarse, hacen que el instante sea "escenográfico", abarcador de una simultaneidad. Es casi obvio decir que la insistencia en presentar en simultaneidad esa acumulación de instancias diversas corroe el sentimiento de la posibilidad de la novela concebida como una estructura regida por un tiempo que, además, se acaba. Entre deseo y limitación, entre lo que perdura y lo que se precipita, la escritura se hace obsesiva, insistente, insatisfecha, como si no sólo tendiera a rescatar/destruir una forma sino a desintegrar su propio sujeto; pero además a incluir múltiples antagonismos, especialmente la fuerza de un pasado proveedor y un futuro que se traza por fuera de las ordenanzas conocidas, en la incertidumbre que propone el "espejo" (mar, reflejo, agua, imágenes), en la angustia que ofrece la página blanca (otro espejo) que se debe llenar.

En este esquema, el punto final, que reúne, creo, todas las anotaciones. "Lo bueno de escribir cuentos es que uno puede olvidarse de los símbolos. Mientras que te pones a escribir una novela y no tardan en proliferar de una manera enfermiza y a la vez irresistible". La palabra clave: proliferación. Ya la habíamos consignado respecto de *Muerte por agua*; aquí se inscribe sobre la preocupación por la novela y traduce una compulsión escrituraria —que la escritura transporta— que parece encarnarse en una lógica de estructura, en la medida en que, dada una categoría cualquiera, hay una necesidad insaciable de "completar": describo y sigo describiendo, se me presentan opciones, diversifico, apelo, grito, recuerdo, discuto, discurro. A la vez, todo eso se facilita por una acción de la intertextualidad (recuérdese: gatos leídos, islas leídas, mares leídos) que si por un lado no se doblega a la proliferación por el otro se articula con ella; en realidad es como dos instancias, la proliferación como un "antes", la intertextualidad como un "ahora". Y, más lejos, todavía, la proliferación como necesidad nunca satisfecha, como la forma misma del deseo que los textos dirimen como pueden; el "ahora", a su vez, mantendría con el deseo —proliferante— una relación de inclusión que hablaría de otra necesidad, más enigmática aún, presente en el momento de la escritura; la escritura, por lo tanto, como sistema de transformaciones —milagro— no podría no mantener en su interior y en desequilibrio esas dos fuerzas fundamentales, el deseo y el recurso, el desorden y el sistema, la invención y el modelo.

Pero qué es la proliferación: por un lado, es de frases —que se multiplican, se asocian—, por el otro es de textos que se destacan; en tercer lugar, las frases van haciendo cambios de plano tanto porque incluyen expresiones en otras lenguas como porque implican sujetos narrativos diferentes ("Eres una escritora. Yo soy Celina. . ."). Estas tres maneras de proliferar se entraman, destruyen, en cierto modo, toda esperanza de estructura, a menos, ciertamente, que exista una estructura anterior a la estructura; en ese sentido externo es todo lo contrario de lo lineal, tiene la forma de lo incesante, cada momento de trama sólo prevé un momento posterior y, en esa sucesión, la muerte se anticipa, se dibuja y se pospone, también se fecunda porque se escribe y, con ello se transforma, se hace "forma".

¿Proliferación igual a cáncer? Es una hipótesis como cualquier otra, en todo caso una homología que aspira a ser compleja pues se constituye con plurales elementos: del miedo al texto, que se construye reproduciendo la forma cuya inminencia el miedo convoca y pretende alejar. Pero se trata de escritura, no de psicología ni de explicaciones relativas al autor, con todo lo que el concepto convoca. Y si había en la preparación de este texto una ciudad, La Habana, que aparecía como punto de partida de un desencadenamiento imaginario, la proliferación textual puede muy bien ser el precio que se paga a una añoranza, la de un paisaje que, a su vez, aparece revestido de una fecundidad cancerígena, devoradora, no objeto de recuperación sino concebido como asombro productivo.

6) En el título ha vuelto a predominar el sustantivo, jugando con un nombre: el *miedo*, palabra que caracolea por debajo de lo que se ha escrito, de lo que se escribe, *en* lo que se escribe (Teoría de los dobles registros: "Hay que leer a Verne como palimpsesto: detrás del adepto del Progreso hay otra, o acaso varias, escrituras invisibles"). Aludiría a lo inenarrable pero que hace narrar y se sitúa, como si se tratara de un espejo, frente al nombre, Eurídice, que encierra mitologías y, por cierto, literatura, aquello que se puede leer y que de alguna manera se integra con lo que se está, siempre, escribiendo. (¿Es esto la "intertextualidad"?)

Esta distribución en la frase exige su traslado a la página blanca: de un lado —el izquierdo— están las citas, *los* textos, separados unos de otros por grandes blancos, aparentemente desvinculados unos de otros (doble separación), como islas en un mar cuya costa está marcada; del otro lado —a la derecha—, un bloque de escritura (que de a ratos avanza tormentosamente tapando las citas, como un mar que anegara las islas), un continente donde *un* texto se desarrolla. Frente a esta disposición, el título ofrece una disposición invertida: el miedo —que es lo narrable— está a la izquierda, Eurídice —que es lo escribible, en sí mismo metáfora cuya explicación es necesaria— a la derecha. Nuevo espejo cuyas imágenes se alimentan recíprocamente, se entrecruzan y llevan a dos comportamientos que en esta obra ya conocíamos: la conjetura, referida esta vez a eventuales personajes que darían lugar a una eventual pareja; la búsqueda ("ahora busca en la covacha de un librero de viejo...") que supone un anhelo enumerativo —acumulativo. ("Nombraré las islas. Me embriagaré de sus nombres.") Ambas líneas se intrincan y dan a luz a un interminable romántico, lamento o perseverancia, en la medida en que el deseo de la forma se autoalimenta ("Harrington las lee en la soledad impecable de su camarote, con una fiebre idéntica a la que Adèle consume al escribirlas y las guarda después en una cajita. . ."), sè hace infinito y reclama, para exhibirse, metáforas que criban esa forma perseguida tanto porque se está ansiosamente a punto de revelar un secreto como porque la escritura se prolonga en un más allá sin desmayo.

Mucho hablamos ya de la enumeración y de la acumulación; hablemos ahora de la búsqueda que es la energía que sólo puede entenderse si se van a escribir sus alternativas (lo cual se hace a la derecha de la hoja de papel); lo que se escribe, a su vez, está como iluminado por las citas, que parecen atalayas, islas desde donde se mira esos textos que van puntuando la escritura toda. Y si bien estas islas están ahí, plantadas, concretas, lo que iluminan es la escritura de otras islas, en otro nivel: ante todo, es escrita una pareja, "la" pareja, cuya índole esencial es aislarse; luego, son escritos esos espacios geográficos, llamados efectivamente "islas", de los que habla la experiencia y la literatura: estas islas se agolpan y se acumulan, se sabe que muchas de ellas son reales, se sabe que otras son imaginarias. Y si para constituir la pareja es preciso escribir su aislamiento, y para evocar las islas es preciso escribirlas en su aislamiento, para escribir, lo uno o lo otro, la construcción, la evocación o la imaginación, es imprescindible, igualmente, el aislamiento, no por triviales psicologías o por una razonable irritabilidad inherente al oficio más individualista del mundo, sino porque escribir es un "a-isla-miento", o sea un referir —un mentar— una isla desde una primera letra, que es una persona; por otro lado, sólo se mienta —se recuerda— la isla, o sea se la escribe desde fuera de ella, habiéndola perdido o nunca poseído ("historia de un paraíso original y de una expulsión y un tránsito a través de un túnel infernal. . ."), en situación de "exilio", situación incomprensible que permite examinarlo todo, avivarlo todo, hurgar en todo y no comprender nada ("¿De qué sirve atesorar con celo informaciones que no lo llevarán a ninguna parte?"), sólo porque hay algo que no se define, por miedo, y que está irreductiblemente en otra parte. En los textos anteriores ese algo se nombra, La Habana, en este texto se sustituye, no por Tenochtitlán —argucia arqueológica— sino por lo que produce el "a-isla-miento", un nivel simbólico que oculta, tal vez, la pérdida.

La serie se establece, entonces, con toda coherencia: miedo, isla, pareja, escribir. Pero hay una fuerza que empuja a los términos de la serie y los encadena, los hace ser "serie": "Decir que el deseo engendra el relato, es decir que engendra la utopía, que es decir que engendra la Isla". Esa fuerza, en la serie que se constituye, hace que tome forma no sólo lo figurado (en este libro se "habla" de islas y de "la pareja") sino también la figuración (que es el texto y su manera de *hacer* por debajo de lo que se cuenta). Y si el texto quiere contar todo, incluso eso que está por debajo, no sorprende que se multipliquen los narradores (yo, Monsieur N., Adèle H., Julio Verne) aunque entre todos no consigan una "narración". Tampoco sorprende que uno de ellos, Monsieur N., el exiliado, para poder empezar a anotar sus conjeturas y sus enumeraciones en un Borrador (palabra cuyo sentido mismo implica lo impreciso, lo que está difuminado y da lugar, tal vez, a otra versión) comience por dibujar una isla en una servilleta de papel, el blanco figurando el mar y la relación entre la línea sinuosa y el blanco generando todo lo demás, las funciones narrativas, las series que se articulan en "nuestra" lectura, el alud de la significancia que no se detiene ni en el lenguaje de las imágenes ni en el deseo (nuestro) de una anécdota concluida (otra costa) sino que atañe y afecta a lo que "escribir" concita y a lo que encierra, un espacio de pulsiones donde el miedo lleva a buscar el infierno y a enfrentar el viaje y su regreso como una amenaza y como una única posibilidad.

7) Se comprenderá fácilmente que lo que aquí está escrito deberá conjugarse con una lectura de los textos y de sus múltiples repliegues: en sí, la información que se proporciona es escasa y los juicios, de "crítico literario", nulos; tampoco se da cuenta de un "origen" ni, cabalmente, de un proceso; tal vez, no obstante, algo se insinúa: que la de Julieta Campos es ya una obra homogénea en la que se puede percibir —a eso aliento— la palpitación de un proyecto. Faltaría, a lo mejor, predecir (¿preescribir? ¿prescribir?) su encaminamiento, manera de profetizar a la que no soy proclive: prefiero atenerme a lo que se nos muestra con la generosidad de un rigor frente al cual la reacción, la respuesta, son espontáneamente ineludibles. Faltaría, igualmente, establecer alguna relación de sentido con el mundo en el que esa obra se produce. ¿Tarea de sociólogos? Tal vez esa relación se entienda sin demasiadas palabras; de todos modos no se puede prescindir de la persona de modo que quienes no tengan acceso a ella reinventan dicha relación, la reformulan. Sea como fuere, hay algo que subsiste y que acaso se pueda manifestar: la intertextualidad, que

no sólo cumple aquí con las generales de la ley sino que tiene una acentuación notable; en un sentido trivial podría decirse que un mundo de cultura refinada y precisa es un referente activo, que nutre los pensamientos y las imágenes. ¿Será una manera recóndita de hacerse aceptar en un medio que no es el propio, de cuya historia no se participa, relativamente ininteligible en su manera de producir significancia, al cual no se le puede hacer aceptar la propia nostalgia? Me refiero, obviamente, a una actitud defensiva que hace de los libros importantes del mundo el parapeto para desarrollar lo que el exilio exige tratando de padecer lo menos posible ese tránsito hacia vaya uno a saber qué que define al exilio. Entonces: ¿obra mexicana? Pregunta que prefiero dejar abierta pero que de alguna manera desplaza la luz hacia lo que podría ser la cultura mexicana, lo que se exige a sí misma para identificarse y lo que exige a los que vienen de afuera, la tierra de nadie en la que los hace esperar.

EL OJO DE LA AGUJA QUE MATA*

Inconsciente y texto en un relato de Rulfo

A Joe Sommers (su memoria)

EN EL caso de Rulfo la crítica literaria muestra implacablemente cómo su condición es la orilla del texto; rodearlo, abordarlo, eludirlo a veces con voz triunfante, describirlo pero, al mismo tiempo, la dura sensación de no navegar por sus aguas y, por lo tanto, de no llegar a ninguna parte y no sólo porque el texto —todo texto— se escapa siempre por los secretos senderos de su pluralidad y se sitúa siempre en un más allá; es que el texto como tal no es considerado, sobre todo en su capacidad de irse más allá y, en lugar de concentrarse en el trabajo posible que se podría hacer sobre él, la crítica ostenta la pretensión de haberlo logrado, de haber entrado en su esencia.

Ya hay mucho escrito sobre la obra de Rulfo, y desde varios ángulos; mucho de ello es inteligente y valioso y da verdaderamente cuenta de aspectos parciales; otro tanto es apoteósico y suena a hueco. Indirectamente, involuntariamente, todo lo que hay también da cuenta de sí mismo como actividad crítica, pero sin saberlo ni asumirlo, cosa que, por el contrario, es lo único, creo, que se puede hacer. El libro de Sommers,[1] a cuya cálida memoria dedico de paso este trabajo, exhibe una muestra fehaciente y, en el sentido indicado, convincente de lo que es y a lo que ha llegado la crítica rulfiana: exhibe lo acumulado hasta ahora pero sin duda esa crítica sigue creciendo sin cesar y cabe esperar que sus principales líneas reciban refuerzos de todo tipo, hasta la saturación que se observa con los similares casos de Martí, Vallejo y Borges. En la muestra de Sommers la diversidad de matices va desde las consideraciones estructurales hasta las sociológico-interpretativas, pasando por las mitológicas y psicológicas: todas son

* Este trabajo fue redactado a partir de la presentación hecha en el Coloquio sobre Literatura Mexicana realizado en Austin, Texas, del 24 al 28 de marzo de 1981 (XX Congreso del Instituto Internacional de Literatura Iberoamericana).

[1] Joseph Sommers, *La narrativa de Juan Rulfo. Interpretaciones críticas,* México, Sepsetentas, 1974.

quizás plausibles pero yo voy a intentar ahora otro camino, que pretendo más simple: desde el interior de un relato trataré de ver, si lo consigo, cómo se produce la escritura, si por escritura se entiende el conjunto de operaciones necesarias como para que un texto se constituya como un objeto significante, y cómo se produce mi propio trabajo, si acercarse a un texto constituye un trabajo con leyes y exigencias propias.

El texto en cuestión es "La cuesta de las comadres" y pertenece, como no puede ser de otro modo, a *El llano en llamas*. Es un relato simple al que el propio Rulfo no le concedía una importancia especial; por su anécdota y su estructura no daría, en principio, lugar a lucubraciones sobre planos cruzados o sobre tiempos interferidos o sobre técnicas novedosas, que abundan en relación con otros de sus textos: alguien cuenta, sencillamente, cómo, y aparentemente por qué, mató a Remigio Torricos; hace el cuento en —y desde porque se trata de un sitio elevado— un lugar llamado "La cuesta de las comadres". Esa muerte algo arbitraria exhala, sin embargo, el perfume de algo que desborda la causalidad social o el costumbrismo psicológico; no se percibe, tampoco, el hálito metafísico de "Luvina" que se desarrolla implacablemente en *Pedro Páramo*: se trata de un hecho puntual narrado sin ánimo de justificación —por parte del narrador como narrador— y, por cierto, sin mayor despliegue verbal, poético-metafórico. Ese es el material en grueso, sobre eso entiendo que se puede trabajar, tal vez porque se presenta como una pieza menor, libre de la carga que desde todo lo que se ha escrito sobre *Pedro Páramo* se transfiere sobre toda empresa pro-rulfiana.

Para comenzar con la instancia del narrador, no cabe duda de que el de este relato se hace evidente de entrada: "Los difuntos Torricos siempre fueron buenos amigos míos." Se trata de un "yo" a quien se le enfrenta, en la ficción del cuento oral que se abre con el mismo enunciado, un interlocutor nunca mencionado pero siempre presente, tanto como dura la locución del "yo". Ahora bien, si por el hecho de contar, ese "yo" es propio de la narración, en la medida en que, sin declararlo, es más, omitiendo escrupulosamente la declaración, instaura un "tú" que lo acompaña —dicho interlocutor—, se produce una transformación, se crea una dimensión transnarrativa, que yo designaría como "discursiva". En consecuencia, si nos atuviéramos tan sólo al "narrador en primera persona", además de quedarnos en lo evidente estaríamos dejando de lado un implícito que afecta, en este caso, al sistema pronominal. En suma, existe un doble plano, intercategorial; esta verificación nos lleva a señalar que no estamos leyendo tan sólo un cuento sino también una "operación".

Eso, en primer lugar pero, además, se puede reconocer otro efecto en el modo de enunciación del narrador, el del "monólogo interior", por aquello del aparente "hablarse a sí mismo" aunque, en verdad, el movimiento sea ambiguo y dicho "monólogo interior" sea una ficción imposible pues el hablarse a sí mismo que lo autoriza es tan sólo y nada más que una representación que debe ser leída, instancia en la que, sea como fuere, hace su aparición el "tú", a quien, como lo señalamos, se le dirige. Queda, entonces, la ambigüedad, por cuanto el "yo" del relato puede o bien estarse hablando a sí mismo o bien estarle hablando a alguien, lo que en definitiva viene a producir lo mismo. Esa ambigüedad sería una argucia, una técnica de disolución que no tiene por objeto ciertos temas, como en el impresionismo, sino ciertas operaciones. En este caso, el objetivo de esta disolución sería dar lugar a evocaciones que, como tales, se "distancian" del contar; en otras palabras, es como si el ensimismamiento del narrador pusiera una lente entre él y lo que narra lo que podría implicar que eso, la lente, la distancia, es el objeto de la narración, aquello que se trata de narrar y no otras cosas, claramente más evidentes.

La evocación no es sólo una instancia virtual o teórica sino de un "ya sabido" ("de eso me acuerdo" concluye el relato), materia y sustento de la memoria que, si nos atenemos a esa frase, se manifestaría sin reelaboración, lo que no quiere decir como pura transposición o, igualmente, como confesión pura y sin otros objetivos: la memoria no reelaborada tendría su elaboración pero en otro plano, en el cual se precisarían los objetivos; ese "otro plano" aparece al señalar que la creación de un intelocutor sin mencionarlo, o sea omitiéndolo en la representación del "decir", indica, justamente, que no se trata en verdad de un "decir" sino de un "escribir": es allá donde se produce la "elaboración" de la memoria no reelaborada; en la dimensión del "escribir" lo monológico, como ruptura o suspensión del circuito comunicativo, produce efectos, no los bloquea. De ello, y recogiéndolos, se podrían inferir dos situaciones de diferente orden; la primera atañe al "valor", en el sentido del mérito en la captación, por medio de la transcripción de lenguajes característicos, de psicologías particulares o

interesantes: si, como lo he señalado, no se trata estructural-
mente de "decir", habría que buscar el valor en otra parte; la
segunda es algo elemental y ya mencionado: escribir desde una
posición de narrador es escribir de lo que ya se sabe, punto que
nos devuelve a la función arcaica y primaria de la narración, el
narrador como *gnarus*, sabedor. Y aún habría una tercera situación, relacionada con una estrategia de la narración: el mono-
logista, que es narrador, está como encerrado en su posición
narrativa, en lo que técnicamente designamos como "punto de
vista", no sólo no lo comparte sino que lo defiende puesto que,
siendo el punto de vista condición de la narración, es objeto
de apropiación o de codicia, si se lo pierde el relato puede desaparecer, es una posesión amenazada. Precisamente, de eso se trata:
el crimen se realiza para defender un punto de vista, como trataré
de ponerlo en evidencia después.

Al parecer, una primera aproximación a la materia textual abre
a un elenco de situaciones que son propias de la narración en
general, considerada como discurso específico más que como "género"; desde luego, tal apertura es posible, y en ese sentido se
justifica, en virtud de un campo teórico que trata, justamente, de
crear condiciones para abordar un texto como discurso; dicho
de otro modo, el propósito es "ver" la operación textual con determinados ojos, lo cual no presupone nada sobre el resultado, o
sea sobre lo que se llegará a ver: renunciando a la ingenuidad se
podría recuperar la frescura. Sea como fuere, dicho campo teórico
tiende a entender las operaciones textuales y discursivas, es decir
la "escritura", como una "materialidad", actividad productora material, sometida a ciertas fuerzas, ligada a otras o destacándose
de otras, con una situación precisa, aunque difícilmente defini-
ble, en la sociedad.

Ahora bien, si se trata de una materialidad, es natural que la
teoría que tal cosa postula propugne, al mismo tiempo, tal como
se ha dicho, la posibilidad de "verla" y, correlativamente, la de
integrar la visión obtenida en el momento práctico que toda teoría
comporta; creo que tal integración, como es lo propio de lo que
en otros lugares he denominado "trabajo crítico", consiste en
una iluminación según la cual se tiende un puente entre lo que
la teoría permite ver y lo que del texto se exhibe para ser visto; en
otras palabras, el trabajo crítico, como momento práctico, se constituye según el movimiento de constitución de su objeto, esto es

de la "escritura" del texto.[2] Esta relación me permite establecer una concomitancia sobre la que se funda toda la elaboración que viene a continuación; la enunciaré de este modo: el "ver" y el "iluminar" del trabajo crítico toman forma en el "ver" del texto y en la "luz" que lo hace posible, dentro de su ficción; en suma, "viendo" el "ver" del texto mediante una "luz" adecuada advertiremos cómo la "luz" del texto hace posible el "ver" en el texto.

Esta manera de decir dibuja, por cierto, una figura hipotética por medio de la cual se intenta regular las siempre malas relaciones entre trabajo crítico y trabajo textual pero, al mismo tiempo, sus términos permiten esbozar una segunda hipótesis más avanzada, tomada en préstamo de la óptica, para que no se diga que soy renuente a los beneficios de la interdisciplinariedad: entre el "ver" y la "luz" se instaura un movimiento a pesar, o quizás por eso mismo, de que uno necesita del otro; de pronto se acentúa el "ver", de pronto la "luz" y dichas acentuaciones permiten —o hacen— que la narración avance o, por lo menos, son hitos del relato. Diría aún más: lo producen en virtud de lo que implica o entraña una "diferencia" que surge, precisamente, cuando se pasa de un término a otro. Parece casi innecesario decir que si no hubiera "diferencia" no habría narración ni historia, así como no habría ritmo cardíaco si el electrocardiograma fuera una sola línea. Como se ve, ahora recurro a la medicina en auxilio de mi trabajo, lo cual desearía que no fuera tomado demasiado en serio. El hecho es que el movimiento entre el "ver" y la "luz" aparece, por la alternatividad, como de un vaivén pero que no se reduce a un simple pasaje de uno a otro término sino que encarna un sistema de oposiciones, que ya no radicarían en "ver" y "luz" como núcleos semánticos, sino que se darían en todos los planos; en suma, esta oposición sería el fundamento de todas las otras que, a su vez, como sistema general, constituirían la base de un "ritmo", o sea una organización particular, quizás caracterizable; sea como fuere, y a reserva de hacer ese trabajo de caracterización del ritmo, la mera idea establece un antagonismo con esa especie de consideración acerca de las narraciones de Rulfo en el sentido de que "no pasa nada" en ellas, afirmación de un estatismo que, a lo sumo, radicaría en la superficie de la peripecia pero que no podría admitirse en el plano de la "escritura".

2 En diversos lugares de *Temas de teoría: el "trabajo crítico" y "crítica literaria"*, México, Editorial Premiá, 1987, se encuentra este concepto. Ese volumen recoge varios trabajos que matizan los alcances de su teoría.

En el plano de la escritura "pasa" constantemente así sea porque la escritura se lleva a cabo por oposiciones que no se puede dejar de advertir: "antes" y "después", "aparecer" y "desaparecer", "arriba" y "abajo", "aquí" y "allá", "afirmar" y "dudar", etcétera. Con el fin de no pecar de prolijo evito las citas correspondientes; estimo que quien se acerque al texto podrá compartir mi idea acerca de que no se trata sólo de muchas oposiciones sino de categorías oposicionales cuya inflexión en este texto entiendo que es productora, va más allá de la generalidad casi kantiana que sugiere la palabra "categorías".

Una de esas oposiciones, la de "aquí" y "allá", ofrece, creo, más posibilidades de análisis que las otras, en principio porque se vincula directamente con las garantías que exige toda narración, en la medida en que no hay narración sin punto de vista, cuyo asiento es un "aquí" desde el que opera, encontrando en el "allá" el objeto que narra. Pero, además, y como lo veremos más adelante quizás con más detalle, ambos términos concluyen por mezclarse con otros planos del relato, se tematizan y engendran, también, nuevas posibilidades de análisis.

Antes de indicarlas necesito hacer un nuevo rodeo y retornar a la noción de materialidad; como se recordará, era aplicable porque las operaciones de la escritura eran consideradas una actividad productora del texto y su resultado se podía ver; ahora diría, avanzando un poco en el concepto, que lo primero que se ve es un aspecto exterior de la materialidad, a saber lo gráfico y, sobre todo, su distribución. Una observación como ésta rinde más inmediatamente en el campo del discurso poético, sobre todo en ciertas disposiciones mallarmeanas y postmallarmeanas, pero no deja de constituir algo observable en la prosa, en la que la homogeneización que hace la imprenta no llega a eliminar ni el concepto de una distribución ni la acción propia de lo gráfico. En efecto, si miramos el relato veremos que casi exactamente en la mitad, en la línea 151 (sobre las 284 que tiene el texto),* hay un blanco, una separación que, naturalmente, es una luz. Diría, sin querer ser excesivamente derridiano, que en ese blanco "ver" y "luz" son una sola cosa desde la lectura, en la medida, es claro, en que nos detengamos allí y adjudiquemos a ese espacio algún atributo posible, que no pasemos por alto.

* En la edición del FCE, *Obras*, 1987.

Más aún, "blanco" y "luz" serían términos intercambiables, pertenecientes a diferentes códigos pero en una relación metaforizante, el uno dándose por el otro: el blanco es luz, la luz es blanco. A la vez, este blanco no debería ser tomado tan sólo como una llamada de atención para la lectura, con el propósito de advertir la inminencia o proximidad de una variante argumental, sino, desde una teoría más radical, como ausencia de la luz, que colorea y, en consecuencia, como ausencia de lo que, en la distribución gráfica, lo genera, y que es, al mismo tiempo y como lo hemos señalado, uno de los polos del relato. Ya veremos qué consecuencias se sacan de este anuncio que, como se habrá advertido, no es el primero; espero que todos los hilos irán haciendo una trama y no quedarán sueltos, como amenazas teóricas separadas del texto.

Ese blanco es atractivo, chupa atención, puede significar; no puedo abandonarlo todavía en virtud de lo que todo blanco proporciona a una distribución de materia escrita; en este relato, está ubicado luego de una exposición de "antecedentes" o presentación de "ambientes" y suspende, por lo tanto, cierta continuidad que es, también, una suerte de condición del discurso narrativo en su sentido más elemental. Que se trata de antecedentes lo prueba el hecho de que el último párrafo del fragmento cerrado por el blanco no sólo se presenta en forma de síntesis ("de ese modo fue como supe qué cosas iban a espiar todas las tardes los Torricos, sentados junto a mi casa de la Cuesta de las Comadres") sino también mediante el sintagma con el que este fragmento del relato empezó, la "Cuesta de las Comadres", si aceptamos, desde luego, que el título es ya el texto. La continuidad, en consecuencia, sufre un "corte" después del cual la "historia" recomienza pero de otro modo: mediante "acciones". Antecedentes y acciones configuran lo "ya sabido" que se va a narrar pero si eso pertenece a un cierto pasado, no cabe duda de que hay una bifurcación del pasado: uno de sus brazos es de tipo "ambiental" y el otro es relativo a una "acción humana", lo cual implica, en el primer caso, una inscripción hasta cierto punto romántica, en la medida en que la trama naturaleza/carácter constituye un principio explicativo y, en el segundo, una inscripción "humanista- iluminista", por cuanto hay una finalidad o una dirección en los comportamientos y los conflictos son dirimidos de acuerdo con interpretaciones individuales. Diría que el blanco se tiende entre ambas inscripciones, establece el corte necesario para que haya un claro pasaje de una

a otra; no ha de extrañar, en consecuencia, que le atribuya valor
de espacio de reconcentramiento, reflexión del relato sobre sí
mismo, pliegue que el relato se da para restablecer su necesaria
continuidad. Correlativamente, el monólogo que organizaba la
narración desde el comienzo también se reconcentra, es más monólogo que nunca en ese silencio que el blanco también parece
representar. Por esas razones resulta evidente que ese blanco es
una zona donde se prepara una reaparición, no es tan sólo un
"eje" de transición: lo que reaparecerá es la continuidad del relato. Y si de ese espacio sale eso, que está en el fundamento, es
posible que salgan muchas cosas: blanco como caldera en la que
se cuecen elementos, figura análoga a la de un inconsciente en el
que las fuerzas se depositan y preparan sus frases ordenándose,
como proponía Lacan, de acuerdo a una gramática que deja ver
de sí tan sólo su espectro o su ausencia. Y si entre lo que precede
y lo que sigue se restablece una continuidad, entre el blanco y
la escritura la continuidad es incesante, del blanco sale la escritura y ésta, incesantemente, procura los indicios necesarios para
comprender de dónde sale.

Se tratará, en lo que sigue, lejos de todo intento de sustancializar
el blanco, de radicar en la figura del inconsciente productor con el
objeto de recuperar su acción probable y, en la medida de mis
fuerzas, de dar forma a esa acción que no es, por cierto, el trivial
tema del "escritor que no es consciente de lo que escribe", sino
manera de entender operaciones propias de la escritura.

Para empezar por este camino necesito retomar la figura del
"doble pasado" la cual, dicho sea de paso, implica en su interior
cierta manera de oposición; pero, a su vez, el pasado, como lo
"ya sabido", o "narrantur", se opone, en otro nivel, a un presente
que es el punto narrativo, el "de eso me acuerdo" en el que se
sintetizan formal y explícitamente las dos instancias; dicho de otro
modo, esta oposición entre el "antes" y el "ahora" se soluciona
en un "arreglo" narrativo que reside en una distribución de planos, que podemos poner, según terminología estructuralista, en la
cuenta del "relato", y en una acción relatada, así como sus antecedentes, que podemos poner en la cuenta del concepto de "historia", siguiendo la misma terminología. Esta nueva oposición
posee los vehículos verbales adecuados a sus respectivas necesidades y, por cierto, tales instrumentos también se enfrentan: la
"historia" recurre a un tiempo verbal de pretérito, "yo lo maté",

mientras que el "relato" circula a través de un imperfecto que supone una duración, la dimensión exactamente indispensable para ubicar una economía de niveles, o sea una existencia estructural.

El tiempo presente, a su turno y reforzando la idea, está implícito pero indisolublemente ligado a la posición narrativa, es decir al punto de vista desde donde se narra; es, por lo tanto, un "ahora", que el texto no deja de presentar en una de esas tematizaciones que todo texto produce, como proponiéndonos pensar que además de lo que cuenta el texto nos habla al mismo tiempo también de sí mismo: "Pero ahora las jarillas han crecido muy tupido y, por más que el aire las mueve de un lado para otro, no dejan ver nada de nada". En términos de narración podemos traducir esta frase así: desde el presente se ve lo que ya pasó ("las jarillas han crecido"), que se trata de ver ("no dejan ver nada") y que lo propio e inherente del texto es ser un punto de referencia para narrar, una función.

No obstante, las cosas no se agotan en esto; el "ahora", por ejemplo, que pone en movimiento la frase y condensa el presente identificándolo, aparece rompiendo su concepto cuando es usado en la locución "ahora bien": se hace estallar su determinación adverbial y su carácter de expresión pura del presente se pierde; la transformación que opera en este caso da paso a una nueva función, que sería discursiva en cuanto pone en escena una suerte de suspensión de la continuidad, una posibilidad no temporal o, quizás, un espacio de virtualidad definida por la expectativa que le sucede y cuya satisfacción estaría dada por algún tipo de actividad verbal; pero, complementariamente, el "ahora bien" suspende otro espacio, el de un lugar común del lenguaje —que resulta de otras y anteriores transformaciones— devolviendo a un tiempo preliminar en el que el adverbio mantenía (y, cuando vuelve a aparecer solo sigue manteniendo) su magnitud semántica o, por lo menos, al momento en que se forjaba un significado.

De esto se saca que si una noción de temporalidad como el "ahora" remite a momentos preliminares o virtuales, tales momentos, por metáfora, se espacializan y la espacialidad absorbe la temporalidad: el "ahora" deviene "aquí" que, como había señalado, es el punto que articula el relato porque en él se encuentran y superponen el "yo" de la enunciación (el narrador) y el "yo" del enunciado (el personaje) además de permitir que se genere la enunciación misma puesto que es desde ese "aquí" que se ve lo "ya sabido" que se narra.

La oposición "aquí/allá" se muestra, en consecuencia, como extremadamente productiva, sus términos generan otras categorías y, finalmente, permiten entrar en el texto fuera de los ritos críticos del despedazamiento o con temor a ello: el "aquí" aparece en la radicalidad de su posición lo que quizás explique sus frecuentes apariciones en el texto. Empiezo, por lo tanto, a registrarlas y lo primero que veo es que aparece como punto fijo, inmóvil: "Antes, desde aquí, donde ahora estoy. . ." Necesariamente, aparece lo que completa: ". . .se veía Zapotlán", que viene a ser el "allá". Inferencia indispensable: entre el "aquí", lugar fijo del relato, y el "allá", su objeto, se tiende un espacio que llamaría "de acción", el "ver" que liga ambos términos o puntos: las cosas son del "allá" pero el "ver" las trae, las reordena entre los dos puntos mediante un ritmo vivaz y animado, dado por los "antes", "aquí", "ahora", "allá", "donde".

Todos estos términos establecen una serie en la cual el sitio desde el que se mira es el sitio desde el que se narra y, en consecuencia, es el sitio de un "yo", mientras que lo que se mira, lo que se narra, es el sitio de lo "otro", en una perspectiva psicoanalítica y no sólo, como se señaló al comienzo, ese "tú" que tomaba forma en el sistema pronominal a partir de la afirmación del "yo": ese "otro" es vasto y vago, es infinita posibilidad. De todos modos, si el "yo" y lo "otro" se vinculan por una mirada, es evidente que la mirada ha de convertirse en el núcleo central de la narración, lo que le confiere estructura y consistencia.

Como se ve, regreso a los términos iniciales, habrá quienes consideren que doy vueltas en redondo; yo tengo la intención de que estén estructurando mi reflexión, que no análisis en un sentido académico estricto. También sobre esto habrá que pensar y llegar a saber qué es lo que me está permitido por las costumbres literarias y qué me autorizo a hacer en relación con ellas. Arrojadamente, opto por el camino de las asociaciones que son un buen camino si se recuerda que puede existir, anunciado y abandonado por ahí, un "inconsciente productor del texto"; es lo menos que se puede afirmar de un objeto que resulta de una actividad no (totalmente) controlada; pero siempre se puede tratar de quitarle obviedad a la expresión y, correlativamente, la arbitrariedad que, dicho en la crítica para salir del paso, indudablemente tiene.

En el sistema que ha venido tomando forma, ese "ver" que liga "yo" y lo "otro" es en realidad una "mirada", lo activo del ver.

Correlativamente, se puede decir que no hay mirada sin luz, sin iluminación no se ve. De aquí se saca una idea de consideración: puede faltar la luz, algún impedimento puede taparla y, por consecuencia, se deja de ver. El relato señala esto con una intensidad definitiva: "En cualquier hora del día y de la noche podía verse la manchita blanca de Zapotlán allá lejos. Pero ahora las jarillas han crecido muy tupido y, por más que el aire las mueve de un lado para otro, no dejan ver nada de nada." Y si, por un impedimento u otro, no se ve, no se puede narrar; es más, se tiende una amenaza que todo narrador puede sentir y que, ordinariamente, se expresa, como amenaza, en la interrupción. Y si, clásicamente, concluir la narración es un símil de la muerte, es fácil comprender lo que significa impedirla quitando la luz, el valor afectivo que tiene sobre el narrar la supresión de la luz.

Sea como fuere, y regresando a la perspectiva de la crítica de un texto, "mirada", "ver" y "luz" integran un sistema que tiene múltiples reapariciones en el relato, de diverso alcance, un poco como el "aquí/allá". Por ejemplo, "ver" es, ante todo, por metáfora, un concepto moral, como cuando se dice "A nadie nos pudieron ver con buenos ojos los de Zapotlán". Pero también es un sistema muy elemental de apropiación: "la docena y media de lomas verdes que se veían allá abajo eran juntamente de ellos". Igualmente, es una forma de verificación, como cuando pone: "viendo que tardaban en regresar, las dejé por la paz". Mediante el ver, también, se realizan operaciones más complejas que la mera percepción como, por ejemplo, metaforizar: "el ojo negro y medio cerrado que le quedaba parecía acercar tanto las cosas, que casi las traía junto a sus manos". O bien es una cualidad notable: "no conocí a nadie que tuviera un alcance de vista como el de Remigio Torricos". Finalmente, indica también el canal para cambiar de función o para insinuar que puede haber un intercambio de funciones: "cuando los Torricos venían a sentarse aquí también y se estaban acuclillados horas y horas hasta el oscurecer, mirando para allá sin cansarse, como si el lugar éste les sacudiera sus pensamientos o el mitote de ir a pasearse a Zapotlán", es decir que lo "otro", lo observado, los Torricos, bien puede devenir un "yo" que mira. El párrafo, y por eso lo he puesto al final de la serie de citas, es particularmente importante por cuanto en él la posición del narrador se asume como insegura, podría ser suplantado, se cierne una amenaza sobre la función que no debemos dejar de tomar en cuenta para las conclusiones finales.

Parece evidente, entonces, que el "ver" y su instrumento, la "mirada", recorren la narración. Más aún, en la medida en que existen tantas variantes es posible que sea un principio generador o al menos productivo de la narración que exhibe sus coordenadas por de pronto en el plano semántico, tal como lo apunté, y, por lo tanto, quizás consciente pero, también, en otro orden en el que se precipitan asociaciones que desbordan significados inmediatos o relativamente situables.

Diría, en este sentido, que en el orden asociativo hay una puntuación de la historia diferente, que se vincularía con una prosodia mediata, más allá del efecto sonoro, en forma de un ritmo discursivo. De este modo, si, retomando los términos, por un lado estaba el "ver", seguido por la "mirada", en este instante es preciso invocar el órgano con que se mira y se ve, el "ojo", que instaura un nuevo nivel de consideraciones puesto que el texto lo incluye además, como se advierte en las citas que hemos hecho sobre el "ver". Para pasar a este nivel, debo invocar lo ya dicho acerca del impedimento, de lo que tapa la luz. Entonces, si Remigio, como surge de una de las citas, tiene un solo ojo, que tiene un gran alcance de vista, es con una aguja de arria (que tiene un solo ojo) que el narrador lo mata; y, por si fuera poco, y dándole gusto a Gutierre Tibón, el ojo de acero le es clavado en el ombligo, que es un ojo vuelto hacia adentro.

Estas correlaciones son tan simplemente perfectas que, a su turno, iluminan la narración en el sentido de que trazan una peripecia de la "historia" que referiría un rasgo individual o social más o menos folklorizante y metafísico del tipo "en esos lugares la vida no vale nada". A su vez, la aguja muestra sus posibilidades (podía haber sido otra cosa pero es una aguja) "cuando la iluminaba la luz de la luna" en el preciso momento en que "Remigio tapaba y destapaba la luz que yo necesitaba de la luna".

El acto, desde luego, es de muerte, pero no se trata aquí trivialmente de invocar el *tánatos* que, como es bien sabido, constituye un importante sector del inconsciente; quiero decir, más bien, que si tiene la forma de un impulso irreprimible, inmotivado, se entiende como inscripto en este campo de asociaciones y las culmina. Para decirlo brevemente, si el narrador asesina a Remigio no es por nada particular, nada personal o caracteropático; lo asesina porque "le tapa la luz" y, en consecuencia, le está amenazando su posición de narrador, acaso con la esperanza de reemplazarlo, como vimos antes que se insinuaba, y con el secreto anhelo de "contar otro cuento". El asesinato de Remigio es estrictamente narrativo y discursivo y no podría entenderse de este modo si no se aceptara cierta acción del inconsciente que liga elementos diversos para producir un texto en el que la anécdota, la historia, es tan sólo un nivel, una mediación, y no un "en sí".

Y si la resolución final —la muerte que hay que narrar— tiene en el "ojo" su lugar significante ("el susto se le asomaba por el ojo"), que descubrimos como tal a partir de asociaciones que el texto propone y vela simultáneamente, las asociaciones que descubren una cierta acción inconsciente tienen que ver también con el relato en la medida en que la propiedad del punto de vista, que garantiza la realidad discursiva, parece constituir el sentido mismo de la historia.

El inconsciente, se dice, no tiene nada organizado pero organiza y provee, alimenta; toda organización que percibimos como tal tiene sus raíces hundidas en el inconsciente; el texto sería, por lo tanto, percibible en su tensión entre la estructura externa, que podemos reconocer y casi describir, y su proceso de producción, al que nos asomamos mediante hipótesis elaboradas según nuestros puntos de vista. La coherencia, que nuestras hipótesis tratan de dibujar, no se define por una lógica compositiva sino por algo anterior cuyas resurgencias recuperamos y mediante las cuales trazamos una suerte de cartografía significante.

ENTRE EL CORTE Y LA CONTINUIDAD.
JUAN JOSÉ SAER: UNA ESCRITURA CRÍTICA*

A Hugo Gola

EL LIMONERO REAL[1] parece situarse, como novela, en el cruce de las dos tentaciones que asedian el relato latinoamericano actual: por un lado, el todavía subsistente atractivo de una "historia" que tiene un interés en sí (por ingeniosa o real) y, por el otro, la escritura pura, donde todo lo que sea "referencia", "reflejo", se diluye hasta la desaparición. *El limonero real,* por cierto, no hace un compromiso entre ambas, como quizás ocurre en un texto como *La casa verde*[2] (en donde un cuento está fragmentado, tratado técnicamente como si fuera un mosaico), y aun como *Cien años de soledad*[3] (en donde prima la historia que, en todo caso, se hace atractiva por la carga de "modos" de contarla que, sin alcanzar a diluirla, la hacen explotar y sugieren un más allá que se centraría en la escritura); yo diría que, si se trata de comparar, el texto firmado por Saer lleva hasta sus instancias extremas lo que está dibujado en los de Onetti en la medida en que lo narrado no es necesariamente un suceso reconocible, un "algo" que se pueda, de manera positiva, medir y pesar, sino la narración misma o, lo que es igual, el obsesivo drama de narrar. Para comprender mejor esta idea sobre Onetti, remito al excelente trabajo de Josefina Ludmer ("Contar el cuento", estudio preliminar a Juan Carlos Onetti, *Para una tumba sin nombre,* Buenos Aires, Sudamericana, 1975), quien llama la atención acerca de lo que "marcha" en ese texto: eso que marcha es, en un texto fácilmente calificable como una densa construcción consciente de sí misma, lo que va haciendo la historia en una determinación que, si no actuara, permitiría que el relato se convirtiera en algo

---

* Apareció en *Revista Iberoamericana,* núms. 102-103, Pittsburgh, 1978. Para esta edición he hecho algunas correcciones en la redacción.

[1] Juan José Saer, *El limonero real,* Barcelona, Planeta, 1976.

[2] Mario Vargas Llosa, *La casa verde,* Barcelona, Seix Barral, 1966.

[3] Gabriel García Márquez, *Cien años de soledad,* Buenos Aires, Sudamericana, 1967. Ver, también, en *La memoria compartida,* México, Editorial Veracruzana, 1982, mi trabajo sobre Gabriel García Márquez, "La escritura y la muerte".

liso, en un cuento sin supuestos y sin inervaciones significantes. Saer, reitero, lleva hasta sus extremos esa tensión que cubre el espacio de lo que podríamos denominar "la tentativa Onetti".

Me doy cuenta de las dificultades que proponen estas primeras líneas y de los compromisos que implican sobre todo porque, parece, eso que llaman la "crítica literaria" debe aclarar las cosas, reducir los problemas que un texto presenta; en suma, debe tranquilizar a los lectores mediante el sistema de adjetivos al que, según parece, están habituados. En estas primeras líneas, en cambio, la perturbación es inevitable. Por de pronto, ¿será cierto que el relato latinoamericano se tiende entre esas dos tentaciones? Además, ¿será cierto, o habrá que demostrarlo, que en los textos de Onetti habría un principio de inclusión de ambas direcciones? ¿O todo es una mera tesis de la que, a mi vez, extraigo conclusiones para entender a Saer? Y, sobre todo, ¿quién es Saer? Demasiadas preguntas para poder trabajar con facilidad, para llegar a una zona en la que adelantemos algo y no solamente sigamos dando vueltas con mayor o menor habilidad, en un obvio saber que, cuando hablamos de literatura, no cuestionamos ni podemos olvidar. Por eso, y para no conceder nada, para ser extremista y radical, diría que vamos a empezar por entender a Juan José Saer no como "persona-persona" sino como "persona de autor" (expresión que apreciaría Macedonio Fernández), o sea un espacio productivo del que salen textos que tienden una red en la que hay o bien una evolución o bien una permanencia o bien una idea central y oculta que hay que, sacándola afuera, destacar. Vamos también a suponer que los lectores de Saer tienen su opinión formada sobre Vargas Llosa y que las palabras de más arriba la afectan; supongamos que pensaron —porque se dijo bastante— en el secreto de *Cien años de soledad*; igualmente supondremos que ya no queda gente inerte frente a lo que ocurre en la "escritura" en general o, lo que es lo mismo, que se están modificando los códigos de lectura y que, para leer, ya no es necesario —u obligatorio— fijar la atención exclusivamente en las circunstancias muy dolorosas, por razones psicológicas o sociales, que afectan a entidades muy parecidas a nosotros y que se llaman "personajes", con quienes simpatizamos o no, que nos envían, a través de lo que les ocurre y la lección que sacan de ello, mensajes muy reconfortantes o decepcionantes sobre el comportamiento humano, político, racial, histórico, social, etc.

Sobre estas "aclaraciones/declaraciones" podríamos empezar

señalando que ciertos aspectos externos de *El limonero real* están
ya presentes en *Cicatrices*.[4] Me refiero, principalmente, a lo que
puede ser entendido como un "estilo" objetivista o, mejor dicho,
a lo que puede ser homologado con esa línea o propuesta de escritura conocida con el nombre de "objetivismo"; dicho sea de
paso, esa línea parece haber arraigado mucho más en México
que en otros lugares de América Latina (ver la obra de Salvador
Elizondo, José Emilio Pacheco, Vicente Leñero, Juan García Pon-
ce, Julieta Campos). Sea como fuere, la posibilidad se disemina
por el continente y si algo de eso se encuentra en la obra de
Salvador Garmendia (Venezuela) es fundamentalmente la Argentina quien compite con esa primacía pero ya desde hace tiempo,
desde el propio Saer en sus relatos anteriores (*Unidad de lugar*),
y aun desde Antonio Di Benedetto (*Tranfiguración y Ángel*), y
desde Alberto Vanasco (*Sin embargo Juan vivía*); en este último,
los rasgos objetivistas que se observan (exceso de "punto de
vista") han sido formulados antes que tal movimiento hiciera su
explosión mundial y han surgido desde determinaciones intrans-
feribles, no imputables a hipotéticas "influencias".[5] En principio,
para marcar las diferencias entre las manifestaciones latinoamericanas y europeas, habría que recordar que toda descripción es
objetivista cuando obedece a necesidades de expansión que están
contenidas en ella: habría que ver por qué en la Argentina o en
México pueden haberse dado tales necesidades de expandir la descripción en determinado momento de la historia y por qué van en
tal o cual sentido: habría que pensar desde una perspectiva epistemológica que de pronto penetra en la escritura y la modela. En
este caso, el problema de las influencias queda resuelto o eliminado pero, también, se introduce un nuevo factor de molestia: la
perspectiva epistemológica misma, a la cual dejaré ahora de lado
para retomarla, si es posible, en un momento más oportuno de
este análisis.

Quedamos, pues, en el aspecto objetivista extremo de *El limonero real* que también se encuentra en *Cicatrices*; en este texto se
describe el juego de "baccara" como si se tratara de un manual
para neófitos. ¿El neófito es el lector? ¿O la descripción es una

[4] Juan José Saer, *Cicatrices*, Buenos Aires, Sudamericana, 1969.
[5] Hay un desarrollo de esta idea en mi prólogo a la segunda edición de
Sin embargo Juan vivía, Buenos Aires, Sudamericana, 1967. Ver, también,
César Fernández Moreno, *La realidad y los papeles*, Madrid, Aguilar, 1967,
Cap. XVIII, p. 423 y ss.

metáfora de un conocimiento que no interesa, obvio y desechable? puesto que puede muy bien suponerse que el probable lector de *Cicatrices* es también lector de ruleta y de "baccara", en la medida en que esos juegos forman parte de un elenco de referencias o de conocimientos que incluyen la posibilidad misma, por razones de época y de cultura, de leer un relato latinoamericano, argentino, de Juan José Saer. En *El limonero real* los objetos descritos son otros pero la misma expansión descriptiva produce aquí un salto dialéctico inesperado: si la convicción más corriente desearía que desde la mucha descripción se pasara a una cualidad, por ejemplo la del *vertiginoso* placer, aquí hay un corte mucho más vertiginoso, a saber una concentración descriptiva, o sea que *siempre* se está describiendo lo mismo: es lo circular lo que deviene cualidad, no la cantidad, lo que pone en evidencia, superficialmente también, otros aspectos a los que hay que atender; porque describir siempre lo mismo supone una obsesividad y, por el otro lado, rebaja los alcances posibles de la acción y, por consecuencia, su predominio.

Pero no es que no se esté contando nada; se cuenta poco, es cierto, y los elementos que integran eso que se cuenta vuelven incesantemente, un poco como en *El año pasado en Marienbad,* de Alain Resnais; de escena que vuelve a escena que vuelve hay simplemente un pivote que ni hace regresar la descripción a fojas cero para corregir la imagen que se pudo haber creado ni acumula rasgos más relevantes sobre la imagen que se ha creado y que es, necesariamente, como una estampa. Precisamente, ese volver y volver que hace pensar en un relato inmóvil es lo que se emparienta con el objetivismo y, muy trivialmente, asegura una clasificación que, fácilmente, el "público" reconocería.

Digamos, no obstante, lo que se cuenta: todo transcurre en las islas cercanas a Santa Fe, sobre el río Paraná; un isleño, en cuya casa hay un árbol que da limones todo el año, trata de llevar a su mujer a una fiesta de fin de año; ella se niega: hace algún tiempo murió su hijo y ella sigue de luto, se obstina en no compartir la fiesta de los demás; el hombre, en cambio, va a la fiesta, ayuda a hacer la comida, sus parientes y amigos reclaman a la mujer, van a buscarla pero es en vano; las visitas, la música, la bebida de los preparativos, la fiesta misma, ir hasta el bote, dormir la siesta, defecar, presenciar un coito, dormir, hacer el fuego, recordar lo que ya ha sido dicho, pensar en lo que ya ha sido dicho, pensar en lo que se recuerda, ir, volver. Eso es todo.

Cada instancia retorna, no hay final, no hay corte salvo que las instancias mismas están cortadas en su raíz porque indican su claro carácter de fragmento, lo que no se integra en una línea continua pero impone, al mismo tiempo, el secreto de su integración en otro nivel, en un plano que la lectura recoge y que la crítica debería poder extrapolar para comprender, ya no la historia que se cuenta sino lo que ocurre, lo que está ocurriendo al contarla. Creo que se ve, entonces, de qué se trata. Se ve, entonces, el camino que vamos a seguir.

Ante todo digamos que la narración se hace con palabras y que estas palabras, por su disposición en frases, configuran imágenes que nosotros percibimos y cuyo sentido consiste, en general, en que vuelven constantemente. Es obvio que las palabras vuelvan, simplemente porque no es su aparición puntual y única la condición de un cambio en las imágenes pero como no es obvio que las imágenes retornen podemos preguntarnos por lo que significa tal retorno: lo que retorna es, justamente, algo que está entre las palabras y las imágenes, algo que las palabras pueden otorgar, a saber la imposibilidad de vaciarlas aunque se las repita o se las reemplace o, en fin, se realice con ellas toda suerte de operaciones; es decir, lo que vuelve es un infinito de significación que necesita de un espacio para hacerse presente y ese espacio le es proporcionado por las palabras que no cesan, que actúan. Ya estamos, por lo tanto, en otro nivel: repetir sería, de este modo, abrir el camino a un infinito que las palabras transportan a través de lo que en ellas es inagotable, la significación. Dicho de otro modo, el significante es infinito, en las palabras que lo ejecutan se da el torbellino de la infinitud y lo que la escritura trata de hacer es orientarlo, buscarle la vuelta, hacer que llegue a ser esa dimensión a la que un exceso de confianza en la representación y en el reflejo refrenan porque en la postura del reflejo la palabra es mero vehículo y, en ese carácter, su historia está congelada, no es una viva producción que viniendo desde el origen de los signos es todavía objeto de trabajo. Estamos, pues, en una zona quemante: la repetición de las imágenes nos conduce al significante y a su declaración, es ahí donde nos debemos situar.

Pero el significante es todo lo que está en las palabras y más allá de ellas y, por eso mismo, podría ser nada: su fuerza no consiste, entonces, en su mera presencia sino en su presencia de cierta manera, articulada de cierta manera; el significante no deja de ser infinito porque haya logrado una "forma" y es la forma lo que surge, a su vez, de lo que las palabras arreglan, componen, de lo que les confiere un trabajo que se hace con ellas al arreglarlas. Por lo tanto, y ante todo, hay una estructuración que no se agota en la estructura; la estructura es, de alguna manera, una metáfora de la estructuración, o sea una cierta cualidad de la energía que ha intervenido para conseguir una "forma" que, encerrando la infinitud del significante no hace sino presentarlo en esta dimensión.

¿Cómo es aquí? ¿Cómo acercarse a la "forma" sin apelar a la idea, por ejemplo, de "novela", o de una historia completa, o de "estilo"? Hay que acercarse al texto, si existe la voluntad de hacerlo, eligiendo los caminos, lo cual, ciertamente, sólo puede hacerse en función de un esquema anterior al texto pero que no sólo no ignore el texto sino que para constituirse lo haya previamente comprendido. Elegir, por ejemplo, porque cierta teoría la autoriza,[6] un núcleo de la acción y un elemento verbal: el núcleo que me parece pertinente (porque, como fragmento ejemplar, condensa lo que en un comienzo puede entenderse como "causa" de acciones posteriores) es el siguiente: "Una mujer no quiere ir a una fiesta; en el patio de su casa hay un limonero real"; el elemento verbal es este sintagma: "Amanece/y ya está con los ojos abiertos".

El núcleo establece dos continuidades: la de una negativa (la de la mujer) y la de una presencia sin ciclos (el limonero que da limones todo el año). La negativa de la mujer es constante y genera actos sucesivos: irse de su lado, pensar en ella, incitar a otros a buscarla, respetar sus razones, no respetarlas. De cierta manera, la negativa de la mujer es un elemento permanente e inmóvil frente a la relativa movilidad de los otros; como inmóvil, sugiere un misterio que se trata de dilucidar, aunque no por razonamiento sino volviendo en las descripciones, reiterando, insistiendo. En ese sentido, más que asegurar la continuidad de la historia, "la mujer que no quiere ir a la fiesta" asegura la continuidad del relato y determina su estructura. El limonero, a su vez, desempeña un papel parecido pero en la afirmación: el misterio de su fecundidad, otro nudo al que si bien no se vuelve, tampoco, en función de una argumentación, está tan firme en su

---

[6] Esta teoría es la del "Trabajo crítico", que subyace a toda la reflexión. Se puede encontrar una exposición de la misma en *Temas de teoría: el "trabajo crítico" y la "crítica literaria"*, México, Premiá, 1987. Ver nota de la pág. 160 del presente volumen.

puesto como la estructura misma. Estas dos continuidades, entonces, sostienen —o realizan una estructura— que la insistencia
muestra mediante fragmentos, estructura que es la forma misma,
el campo de operación del significante.

En cuanto al elemento verbal, "Amanece/y ya está con los
ojos abiertos", ante todo hay que hacer notar que abre y cierra
el texto pero también reaparece puntuando el relato, o sea confi-
riéndole un ritmo que, en líneas generales, podríamos homologar
a un *sostenuto* interrumpido: una escena se prolonga y, cuando
aparece este sintagma, se corta, se inicia otra, luego otra vez el
corte por medio del mismo sintagma y así hasta el final, en donde
lo único que queda como afirmación, como conclusión cuyas consecuencias habría que sacar, es ese sintagma que supone una preeminencia simultánea de dos fuerzas implicadas en esas funciones
que cumple: cortar y reanudar. Según estas funciones, el reco-
menzar está marcado por el sintagma verbal y es el recomen-
zar de un retorno —que podría no concluir— al mismo asunto; si, por lo tanto, cada modo del mismo asunto, limitado por el
sintagma verbal (que porque limita hace de muralla circular pero
espiralada, puesto que el mismo asunto se achica, se aprieta, se
condensa), tiene aspecto fragmentario, el sintagma verbal, por el
contrario, restituye un flujo que por un lado tiene que ver con
la continuidad asegurada por las dos vertientes de la escena primera (la mujer que no quiere ir —continuidad por la negación—
/ el limonero real —continuidad por la afirmación—), en tanto la
escena primera genera como por impulsos la narración y, por
el otro, con lo único que no se corta, a saber con el trabajo de
articular eso que llamamos "escritura" y que se cumple incesantemente entre el corte y la continuidad. Pero, además, como sintagma verbal constituye un punto de condensación bien preciso,
condensación de las energías escriturarias, esencialmente transfor-
madoras: el sintagma verbal es como un recinto en el que tienen
lugar operaciones y, por eso, propone un símil del relato entero,
que puede ser concebido como una acumulación orgánica, por lo
tanto, de transformaciones.

La escena primera, "una mujer no quiere ir a una fiesta", es un
motor de la narración porque motiva o desencadena acciones
que, en definitiva, configuran el relato, su masa. Pero, además,
es un núcleo que actúa o genera, como se quiera, en otro nivel si
consideramos esta frase en el cruce entre la locución directa y
la indirecta. La primera sería la que emana de personajes que

se manifiestan como tales mediante diálogos; la segunda, la que el narrador o personajes terceros atribuyen a personajes primeros (los personajes segundos son los que están en toda interlocución, ya sea con los primeros, ya con los terceros, son el "tú" necesario a todo discurso de un "yo", ya sea que aparezca hablando de sí mismo o manifestándose por sí mismo, ya sea que se haga cargo de palabras de otros). En este cruce, pues, la mujer dice "no" sólo en una oportunidad, en el fragmento inicial caracterizado por la afirmación en todo lo que sea descripción de actos de personajes ("le alcanza el mate"/ "Ella sigue hilvanando..."/ "... y después arranca con los dientes..."/ "Wenceslao pasa despacio..."/ "le devuelve el mate") y por una generalización del "no" en todo lo que sea locución directa ("No puedo andar cosiéndolas..."/ "No querés venir conmigo...?/ "Hoy no"/ "¿No vas a saludar a tu hermana...?"/ "No, hoy no"/ "El año pasado tampoco fuiste"/ "No tengo nada con ella"/ "... ¿sin salir a ninguna parte?"/ "Para mí no"/ "Ellos saben que yo no salgo"). Es notable que cuando el fragmento inicial se completa mediante un *flash-back* arcaico en el que aparecen padre e hijo (que en el presente recibe toda la carga de los "no" de la mujer) hay un diálogo claramente afirmativo ("Llegamos —dice Wenceslao./ "Parece que sí —dice el padre".) De todos modos lo importante es que después de ese "no" directo, posteriormente su "no" siempre viene indirectamente, o sea que se dice que no ("—¿Y ella? —dice."/ "—No, ella no viene —dice Wenceslao."). Tenemos aquí un nuevo esquema que completa el anterior: preguntas indirectas engendran respuestas que se hacen cargo, indirectamente, de una negación inicialmente vertida en forma directa; es este esquema el que reaparece siempre igual, como pregunta siempre alusiva y respuesta siempre haciéndose cargo de la primera negación, encarrilada, como si la alusión no pudiera ser otra cosa, por ejemplo "está bien" o "está mal" o "está enferma". Vemos, por lo tanto, hasta qué punto relatar, en este texto, es hacerse cargo de la escena inicial, cómo la escena inicial es un embrión que no es sólo de una anécdota sino de todo lo que transcurre delicadamente por debajo y transporta criterios más matizados de la escritura.

Pero hay otra cosa además: el "no" de la mujer, directo e inicial, anticipa no sólo sus propios "no" indirectos posteriores sino también el hecho de que no puede responder —y en efecto no responde— puesto que no le hablan; es atribuida tanto en la pregunta como en la respuesta, no es presentada: en esa atribución está su ausencia de la que el "no" inicial viene a ser el anticipo, lo que hace suponer, en cuanto el "no" marca el relato, que el relato bebe su fuerza de la negación; por otra parte, esto pone también en evidencia que el circuito "pregunta y respuesta" —que parece caracterizar el desarrollo del embrión inicial— es del relato y no de la representación ya que, como se puede verificar, no hay modificación en la idea no obstante la insistencia, es decir la escritura que prosigue. De este modo, como todo gira en torno a ese movimiento de negación (que, recordémoslo, no es antagónico de la continuidad, ya sea de lo que produce el limonero, ya del sintagma verbal en su reaparición puntualizante), las cosas ocurren como si la pregunta fuera aparente, necesaria tan sólo para ser repetida y como si hubiera una verdad que está no en la respuesta sino en la "no-respuesta", en la medida en que la "no respuesta", la ausencia, lo inmodificable, constituye lo que se está contando. En consecuencia, se trata de un hablar falso y de un callar verdadero que, para seguir afirmando lo único afirmable, lo que se ve, viene a ser el de la escritura misma que impone lo que hay en ella de sistema de inscripciones y que no emplea la representación como criterio de verdad porque su criterio de verdad está en su materia misma.

De este modo, ya tenemos, o así lo creo, algo así como un punto de partida para entender no quizás la "forma" que tiene este texto sino los movimientos que tienden a constituir la "forma"; lo que queda del razonamiento es, creo, que para llegar a una forma es preciso que ciertas tensiones se resuelvan en escritura y por escritura: reconocerlas es ya entrar en el centro de la cuestión. Pues bien, esa tendencia a la "forma", por lo ya dicho, podría estar regida por un rasgo que inicialmente presenté como externo pero que ahora se nos muestra como inherente a la estructura: está en la red que trazan esos movimientos constituyentes, mejor dicho se inscribe en esa red, cobra relieve en ella; se trata de la "insistencia", justamente el rasgo que nos hacía ver este texto como "objetivista".

En este instante, una frase de Lacan, extraída de su análisis de *La carta robada*,[7] viene a echar un haz de luz sobre un equívoco que arrastra la palabra "insistencia". ¿En qué consiste el equívoco? La insistencia, relacionada con el objetivismo, me hizo pensar en cierto momento en la obsesividad que caracteriza las

[7] Jacques Lacan, *Escritos II*, México, Siglo XXI Editores, 1975.

producciones de esta línea: volver y volver, redondear y redondear, manía de la descripción que para mejor no avanzar se sitúa
en un tiempo presente, predilecto de los textos objetivistas, que se
pliega a una pulsión que puede ser caracterizada como paranoica;
búsqueda lúcida, inmóvil, de un matiz que lo explicaría todo pero
que, por lo mismo que nunca aparece, crea una enorme enfermiza
sospecha. Objetivismo como paranoia en el texto pero en la medida en que reduce el texto a ese esquema —ignorando que toda
descripción, así no sea recurrente y actual, es obsesiva y persecu-
toria—, resulta paranoia en el enfoque, no sólo por la reducción
sino por la inmovilización que de ella resulta pues no se puede
ir más allá, la serie "insistencia-obsesividad-objetivismo-paranoia"
es final y termina por parecerse a un adjetivo, no a una significación que debería esbozarse. Es para liquidar este equívoco que
viene, oportunamente, la frase de Lacan: "un automatismo de
repetición que tomaría su principio en la insistencia de la cadena
significante".

Desde esta luz las cosas cambian radicalmente; ya no se trata
de paranoia, en *El limonero real* al menos, como texto presuntamente objetivista, sino de un obsesivo "no" progresar de la acción,
de lo cual la primera consecuencia es una suspensión de los
efectos de una acción que desde cierta ideología del relato debe
necesariamente desarrollarse como argumento y seducir con su
variación; dicho "no progresar" descansa sobre la repetición,
ahora vista como no controlada, y se confunde con la insistencia misma que sería, lacanianamente, un modo de actuar de la
cadena significante, o sea de la cadena material.

Dicho de otro modo, obsesión, suspensión, repetición, son como
niveles de la insistencia, fuerza del significante, manifestación del
significante en tanto, insatisfecho, se reproduce sin cesar en la
narración que reabsorbe sus propios hilos —sus modos— y vuelve
a hacerlos emerger. Hay, entonces, una reproducción pero no de
un algo externo al significante —materia textual— sino de la insistencia misma, o sea de aquello que más da cuenta de su carácter
incesante. Si hay obsesión, por lo tanto, no tiene por qué ser vista
en los personajes ni en el narrador sino bien localizadamente en
la narración que aparece como un campo cruzado por fuerzas
y no ya como un producto final en el que nada se mueve. porque lo que se movió lo hizo fuera de él.

Pero la narración es de un narrador que, al hacerse vehículo
de la insistencia, se fragmenta, pulveriza sus conocidas y acep-

tadas funciones de conocedor, desaparece en la insistencia que predomina. Y eso se manifiesta no sólo en las escenas que vuelven a ser contadas sino en las oscilaciones de los tiempos verbales: de pronto, el narrador emplea el pretérito ("dijo": tiempo de lo conocido que se transcribe), de pronto el presente ("dice": tiempo de lo apenas observado), de pronto el futuro ("remará": tiempo de la conjetura, esencialmente subjetivo si es que el narrador expresa una opinión sobre lo que narra). Y, mediante estos tres tiempos, articulados para narrar similares escenas, el relato toma forma como relato de un relatar, como relato del trabajo de relatar.

Pero todas estas maneras de fragmentar el punto de vista —que guardan una estricta correspondencia con los fragmentos en que se constituye la historia— no resultan de una exterior actitud de vanguardista, de técnico: creo ver detrás de ellas esta fuerza de la *insistencia* capaz de trazar un hilo interno por dentro de la fragmentación hasta redondear una historia, como historia que, siendo incapaz de desarrollarse, es incompleta pero que, por aceptar su incompletud, brinda una nueva unidad, un nuevo tipo de unidad. ¿Dónde se establece? Precisamente en la exhibición de todos estos términos, más bien en la administración de todos estos planos que, en definitiva, producen la "forma" de este texto, este texto mismo. Y ello supone actualizar un poder superior cuyo sentido no es un completamiento de sentido sino una presencia organizada de sí mismo, lo que antes designábamos como el "significante".

¿Tiene algo de ideológico esta conclusión? Ciertamente, en un doble sentido. Ante todo, porque como trámite analítico surge de una toma de partido frente a otras posibilidades de "ver" en un texto; complementariamente, *ésta* toma de partido se hace cargo de fuerzas, de pulsiones, de una materialidad —el significante— que sería lo que hay que ver en un texto y hacer salir de él para entender de qué manera un texto —como objeto específico (frente a otros) y singular (respecto de los que se definen por su misma especificidad— puede proponer zonas de contacto con lo que alienta en otras producciones humanas, en otras —en todas— las producciones de lo real. En segundo lugar, porque de parte del texto y de parte del análisis que hacemos de él, situarse en este campo supone denunciar el pacto que mantiene, a través de la ideología, la ideología que cierra las posibilidades sociales de una lectura de las fuerzas y no de las representaciones o las exterioridades. ¿Cuáles son los rasgos de dicha ideología literaria?

Diría, más bien, que se trata de un conjunto de ideologías que habría que intentar desbaratar en su dominación desde diversas acciones críticas: ideología de un contar seguido y orgánico, desde la fragmentación; ideología de un narrador como el que otorga la unidad de lo narrado, desde un relevamiento del trabajo de narrar; ideología de la paranoia como atractivo y ambiguo desestructurante (la enfermedad como problema de la desviación y la norma), desde una acción anterior de la insistencia como energía del significante. El texto, entonces, según lo podemos ver desde las condiciones del "ver" que asumimos, ataca esas ideologías, las desmonta, las critica ferozmente pero sin proclamarlo, como si se tratara de poca cosa, como si fuera posible, y aun fácil, una lectura que permite entrar en ese campo tan contradictorio y deslindar lo que allí está ocurriendo.

Texto generoso, por lo tanto, carnoso y persuasivo porque supone capacidades allí donde realmente están, retenidas y reprimidas, texto que da allí donde hay que dar y que es el preciso lugar en el que la norma exige que se dé poco, lugar propio de una lectura pobre y sometida. Es esta generosidad un acto de arrojo porque para que su donación sea aceptada, para que la lectura proporcione el verdadero placer que reside en sus articulaciones (no sólo de éste sino de todos los textos), en su verdad, el espacio en el que se cumple —la sociedad— debe sufrir cambios, algún cambio. Entre tanto, el placer que proporciona la lectura es contradictorio pues lo principal de su fuente está en la oposición, en la ruptura, en que hace aflorar lo que por lo general permanece quieto y oscuro, asfixiado, reducido a la insignificancia, en otras palabras la muerte.

Una última consideración, otro equívoco: el de las categorías que se emplean para considerar un texto latinoamericano. Algunos se van a indignar porque le atribuimos un significante, porque suponemos que ese significante arraiga en el inconsciente: como si los latinoamericanos carecieran de él; algunos no van a entender que no se califique al texto: si vale la pena o no, de acuerdo con el juicio del que escribe, que los demás gasten su tiempo en hacer verificaciones sobre el texto, como si importara lo que el crítico valora más que lo que el crítico "hace"; algunos han de fruncir el ceño frente a la ubicación del concepto de ideología: extrañarán que no se condene a este texto en razón de su complejidad, como si la capacidad de emitir una condena implicara un certificado de pureza ideológica, como si la ideología no fuera todo un sistema que se muestra en sus operaciones y a las que hay que reconocer, como si se tratara de sacarse el lazo de encima "declarando": claridad ideología progresista, complejidad ideología reaccionaria; algunos van a gritar, categorías extranjeras, Lacan, como si las categorías nacionales fueran superiores, como si aprovechar de todo lo que pueda ayudar a pensar no significara meramente constituir categorías que, si sirven, se validan y, si no, por más nacionales que sean, llevan a la parálisis y a lo que se designa como dependencia pues desarma, obliga no ya a aceptar a Lacan sino a la televisión en colores, y al fascismo que, por no se sabe qué rara transformación, es aceptado como más criollo que el comunismo o el psicoanálisis. Tratemos de disipar el equívoco: estamos frente a un trabajo para hacer un trabajo reconocerlo instaura una alegría que se aleja de la tristeza dependiente y dignifica la lectura.

ÍNDICE

Este libro se terminó de imprimir el día
29 de julio de 1987 en los talleres de
Lito Ediciones Olimpia, S.A. Sevilla 109,
y se encuaderncó en Encuadernación Progreso, S.A. Municipio Libre 188, México
03300, D.F. Se tiraron 3,000 ejemplares.